日本の食文化 5
酒と調味料、保存食

石垣 悟 編

吉川弘文館

刊行にあたって

「日本人は何をどのように食べてきたのか」について、日本の食文化を特徴づける古くからの食材や食料をもとに、民俗学や歴史学などの研究成果から解説することで、「食」をめぐる歴史・民俗を知っていただくのが本シリーズのねらいである。

二〇一三年、「和食」がユネスコの無形文化遺産代表一覧表に記載され、国内外で和食への関心が高まったことは記憶に新しい。日本の食が「和食」と総称され、文化的位置づけがなされた一方で、「食」の現在的な状況は、国連世界食糧計画（WFP）・国連食糧農業機関（FAO）の報告に拠れば、慢性的な栄養不足による飢餓状態の人が、二〇一七年は世界で八億二一〇〇万人にのぼり、三年連続で前年を上回って増加傾向にある。その原因は紛争と異常気象による農業生産量の下落にあるという。一方、日本では廃棄された食品が二〇一五年度には約六四六万トンにのぼり、世界では生産された食料の三分の一が捨てられているという（『朝日新聞』二〇一八年九月一四日、二二日記事より）。「いのち」をつなぐ「食」の世界的な現状は、飢餓と飽食の二極化が進み、危機的な不均衡が存在している。

本シリーズでは、この問題を直接的に扱ってはいないが、「食」をめぐる日本の現状としては、一九九〇年代以降、家族のあり様や生活の個人化を背景に、家族がいても一人で食事をする「個食」（一九九〇年代からの動向）、「孤食」（二〇〇〇年前後からの表記）、一部調理された食材を買い、それに手を加えて食事をする「中食」や惣菜の購入、さらに飲食店での「外食」などの増加が指摘されている。つまり、食の「外部化」の進行が現代の日本社会の特徴として指摘できる。しかし他方では、「地産・地消」あるいは食材を自ら生産して食べる「自産・自消」を基軸にしたスロー・フードも広まっていて、食事のあり様には、早さと手軽さを求める一方で、安心な食材にこだわるという志向が強くなっている。人間にとって「食べること」は「いのち」をつなぐだけでなく、つとに指摘されているように人としての社会性を形づくることでもある。歴史と民俗から日本の「食」の現在を知るということは、日本社会の現在を考えることにもつながるといえよう。

食文化の捉え方、叙述の視点はいく通りもあるが、本シリーズでは、第1巻を「食事と作法」とし、「食」に関するさまざまな作法や価値観、食具・調理法といった「食」のわざ（技）をまとめた。そして、第2巻以降は、「米と餅」、「麦・雑穀と芋」、「魚と肉」、「酒と調味料、保存食」、「菓子と果物」というように、それぞれの食物の歴史と食事の慣習と調理法などについて解説する。第1巻を食文化の総説とし、第2巻以降が各論編ということができる。各巻の内容から、日本人は何を食べ物としそれをどのように食べてきたのか、そして、これらにはどのような歴史的変遷があり、地域的な差異や特色があるのかを読み取って頂きたい。

本シリーズを起点、あるいは基点として「食」に関するさまざまな課題へと思索をめぐらせて頂けたら幸いである。

二〇一八年一〇月

小川直之
関沢まゆみ
藤井弘章
石垣悟

目　次

総論　「日本の味」を生み出す食材

石垣　悟

保存と調味——「日本の味」の誕生

今日、私たちは季節や場所を問わず安全な食材をいつでもどこでも口にできる。何気ないことだが、こうした食環境が整ったのはさほど昔のことではない。食材をいかに安定的に確保・利用できるか、その対応・克服の歩みが各地に豊かな食文化を生んだ一因でもあった。温暖湿潤な日本列島は海山の幸に恵まれる一方で微生物にも最適な環境であり、食材は時間の経過とともに否応なく腐敗する。そこで食材の水分を徹底除去して腐敗を防ぐのが乾燥であり、逆に水分を利用して腐敗を進めつつも人間に有益な形に転換するのが発酵である。私たちは二つの保存法にさまざまな知恵を蓄積してきた。

発酵と乾燥は時間をかけるほど保存期間が延び、それがもう一つの重要な要素であるうま味を引き出した。乾燥すると昆布《こんぶ》ではグルタミン酸、椎茸《しいたけ》ではグアニル酸、鰹節《かつおぶし》ではイノシン酸が生じる。また大豆に麴《こうじ》が作用して発酵するとグルタミン酸が生じる。これらのうま味成分は組み合わせると相乗効果も生む。うま味を化学的に特定し、うま味調味料を開発したのも日本の研究者であった。

ただ注意すべきは、味覚はうま味＝美味いという単純なものではないことである。ある文化圏の人々の「美味い」には、香りや風味への共感も不可欠となる。食味に香りや風味の集合的共感が加わって初めて食文化が形成される。加えてその共感は重層的である。関東と関西の食味の相違はよく知られるが、同じ関西でも京都の「はんなり」と大阪の「まったり」もまた微妙に異なる。こうした多様な「日本の味」はどのように育まれ、今日まで伝えられてきたのだろうか。

酒の醸造と祭事　酒は人類史上最古の発酵飲料とされる。古く酒は穀類を嚙んで口中のジアスターゼで糖化して造ったと考えられている。酒を造ることを指す「醸《かも》す」は「嚙む」の転訛といわれ、奈良時代の『大隅国風土記《おおすみのくにふどき》』逸文《いつぶん》に、米を嚙んで「クチカミノ酒」を造ったとある。いっぽう『播磨国風土記《はりまのくにふどき》』に、神に供えた米飯に黴《かび》が生え酒になったので再び供えたともあり、麴で糖化した穀類に酵母を付着させる日本酒の醸造を想わせる。

酒は、神への供物、すなわち穀類を醸造した熟饌《じゅくせん》であり、穀霊《こくれい》を宿す飲料であった（本書「酒」）。飲酒は神の力を取り込んで陶酔し、神懸り／神人合一の境地に至ることであり、故に飲酒は古くは神のいる場に限られた。

祭事で酒を重視する例は多い。大分県杵築《きつき》市の白鬚田原《しらひげたわら》神社で収穫に感謝して行う濁酒《どぶろく》祭《まつり》では、氏子の造った濁酒を供え、参詣者にも振舞う。氏子自ら造った酒を用いる祭事はかつて各地にあったが、一八九九年（明治三二）の自家醸造禁止後は醸造免許を有する一部の神社に限られている。

酒は、時代が下ると米で造るものへ集約されるが、古くは麦、粟《あわ》、稗《ひえ》などの穀物も用いられた。アイヌでは、最も古い作物であるピヤパ（稗）でトノトという酒を造った。麦と薩摩《さつま》芋《いも》を主食とした長崎県対馬《つしま》市峰町で旧暦六月初午《はつうま》に行うヤクマでは、かつては麦の初穂や麦酒などを供え、今日も麦酒の代わりにビールを供える。

本来、祭事では二種の酒が用いられた。儀礼的に飲む神人共食《しんじんきょうしょく》の酒と、儀礼後に無礼講《ぶれいこう》で飲む人人共食の酒である。両者の区別が曖昧になったのが今日の直会《なおらい》で、人人共食にウエイトが置かれる傾向にもある。ただし、人人共食も人と人の絆を強化・再生するうえで重要で、婚礼での三々九度をはじめ、若者組に加入する際や村八分にあった家が許しを請う際も酒を持参する習俗が広くみられた。酒は共同労働や共同祈願など村社会を成り立たせる原動力の一つでもあり、ある面で今日の職場やサークルなどの懇親会にも通じる。

江戸中期以降、町場を中心に庶民の間でも飲酒は次第に日常化し、それに伴い肴《さかな》も発達した。飲酒の仲立ちとなる肴は、日本の食を多彩に彩る一因ともなった。例えば、同じ灘酒《なだざけ》でも、すぐ入手できる大坂と輸送に約二週間を要する江戸とでは味や香りに違いが生じ、それぞれに見合った肴が展開した結果、東西の食味の違いも生む一因となった。

酒の副産物、酢と味醂　酒蒸しに代表されるように、酒は食材を柔らかくし、臭みを消し、コクを生む調味料でもあった。酒の調味機能を上手く引き継いだのが酢と味醂《みりん》である。今日、味付けに欠かせない酢や味醂は、酒をベースに生まれた調味料である（本書「酢と味醂」）。

酒は腐敗（酸敗）すると酸っぱくなる。これが酢である。人為的には酒に酢酸菌を加えて発酵させると酢ができる。古くは酒造の過程で半ば自然発生的に生まれたとも考えられ、その点では最古の発酵調味料である。

味醂も、蒸留した酒である焼酎《しょうちゅう》に、麹と米を加えて発酵させ甘味を増大させたものである。焼酎が普及する江戸時代以降に造られるようになった。味醂は当初、甘味のある飲用酒であったが、やがて醤油《しょうゆ》との相性の良さから鰻《うなぎ》の蒲焼《かばやき》のたれや蕎麦《そば》つゆなどに用いられるようになった。

醤から味噌へ　酢や味醂と並ぶ重要な発酵調味料に味噌《みそ》と醤油がある（本書「味噌と醤油」）。

『万葉集』にもみえる「醤《ひしほ》」は、味噌や醤油と深く関係する塩蔵発酵食材である。「醤」は穀類を用いた穀醤《こくしょう》、魚肉を用いた宍醤《ししびしお》、野菜や果実を用いた草醤《くさびしお》の三種がある。中でも穀醤と宍醤、特に魚醤《ぎょしょう》は、日本の食文化の展開を考えるうえで重要である。稲作と漁撈《ぎょろう》を主とする東南アジアや東アジアでは古くから穀醤と魚醤が用いられた。穀醤のコチュジャンと魚醤のジョッカルを併用する朝鮮半島のキムチはその典型である。日本でも古くは穀醤と魚醤を併用したが、平安時代以降、徐々に穀醤へ傾倒した。そこには寺院の精進《しょうじん》料理の影も見え隠れする。殺生を戒めた菜食中心の料理が生臭《なまぐさ》ものの魚醤を忌避したことは想像に難くない。特有の匂いをもつ魚醤の衰退は、昆布や椎茸などのダシを活かす術を育み、食味や風味に繊細さと奥行きをもたらした。今日、魚醤は秋田のショッツル、能登《のと》のイシリ、香川のイカナゴ醤油などがみられる程度である。

日本の穀醤の原料で重要なのが大豆である。大豆に麴と塩、水を加え発酵させると味噌ができ、その上澄みが醤油となる。味噌は、米、麦、大豆のどれを麴に用いるかで米味噌、麦味噌、豆味噌となり、原料の割合や熟成期間などでさまざまな味や色となる。奄美《あまみ》にはソテツの麴を用いた味噌があり、沖縄の糸満《いとまん》にはそらまめの麴を用いた味噌もあった。味噌は縄文時代からある発酵食材ともいわれるが、一般的には古代の中国から朝鮮半島を経由して伝わった「醤」や「豉《し》」が元とされる。東海地方に顕著な豆味噌に類似する、メジュという味噌玉を作る朝鮮半島の味噌は示唆的である。

食べる味噌と飲む味噌　今日、味噌を用いた料理といえば味噌汁を思い浮かべやすいが、当初はもっぱら食べる味噌、嘗《な》め味噌であった。紀州湯浅《きしゅうゆあさ》の金山寺《きんざんじ》味噌、奈良の法論《ほろ》味噌をはじめ、鯛《たい》味噌、葱《ねぎ》味噌、柚子《ゆず》味噌などさまざまな嘗め味噌が江戸時代までに登場し、そのまま食されたり、胡瓜《きゅうり》や飯につけて食された。端午《たんご》の節供の柏餅《かしわもち》に入れる江戸甘味噌、岐阜県飛騨《ひだ》地方で朴《ほお》の葉に載せて炙って食す朴葉味噌も嘗め味噌の一つである。

室町時代に擂《す》り鉢《ばち》が普及すると、擂った味噌を用いた味噌汁が登場した。一六九七年（元禄一〇）刊行の『本朝食鑑《ほんちょうしょっかん》』では味噌汁は毎日の生活に不可欠な健康万能食とされている。擂った味噌は、和《あ》え物《もの》につけたり、米飯との相性の良さから飯に添えたり、餅に塗っても食された。秋田のきりたんぽや飛騨地方の五平餅《ごへいもち》などはその一例である。

味噌の醸造と信仰　味噌は古くは上流階級の食べ物であったが、鎌倉時代以降、寺院も造るようになり、大豆や米の生産が増大すると庶民も造りだした。農村部では昭和三〇年代まで自家醸造して飢饉《ききん》への備えともした。味噌造りは家の主婦の腕の見せ所で、大豆を煮ると味噌祝いとして煮豆を神棚に供えることもあった。奈良県大和郡山《やまとこおりやま》市矢田《やた》町では味噌を仕込むと味が良くなるように願って矢田寺の味噌嘗め地蔵《じぞう》の口許に味噌を塗った。また、味噌天神とも呼ばれる熊本市の本村《もとむら》神社でも、仕込む際に境内に生えた笹を入れると出来が良くなるとされた。逆に味噌の出来が悪かったり、途中で腐ると不吉の兆しとされ、福岡県三潴《みずま》郡大木町では卯申酉《うさるとり》の日に味噌を仕込むと縁起が悪いともいった。主婦が管理する自家製味噌は家の象徴でもあった。

味噌はハレの場でも用いられる。特に注目されるのは、先の矢田寺のような味噌嘗め地蔵である。山梨県北杜《ほくと》市の正覚寺《しょうかくじ》、甲府市太田町の一蓮寺《いちれんじ》、群馬県沼田市の天桂寺《てんけいじ》などの味噌嘗め地蔵は、身体の悪い箇所と同じ部位に味噌を塗ると治癒するとされ、埼玉県蕨《わらび》市の三学院《さんがくいん》の目疾地蔵《めやみじぞう》も地蔵の目に味噌を塗ると眼病が治癒するという。薬にも匹敵する味噌の効能がうかがえる。また、近畿には味噌煮や味噌汁、味噌をつなぎにした神饌《しんせん》などを供える祭事も比較的よくみられる。

図1　目疾地蔵(埼玉県蕨市の三学院)

戦後、和食離れや塩分過多などにより味噌の消費量は減ってきた。一方で近年、ビタミンやミネラルが豊富で、癌《がん》の発生・進行を抑え、熱中症にも罹りにくいなどの効果も指摘され、「味噌は医者いらず」「味噌汁は朝の毒消し」という俚諺《りげん》が医化学面から再評価されつつある。

醤油の地域差とその利用　醤油は、金山寺味噌の上澄みを漉《こ》したのが最初といわれるように、味噌の兄弟ともいえる液体調味料である。湯浅に続いて一六世紀に播磨龍野《たつの》、その後、讃岐《さぬき》引田《ひけた》や小豆島《しょうどしま》でも醸造が始まり、下り醤油として大坂から江戸へ大量輸送された。

また諸説あるが、関東でも一六一六年（元和二）に下総銚子《しもうさちょうし》、一六六一年（寛文元）に下総野田《のだ》で醤油醸造が始まった。江戸周辺の地廻り酒が下り酒に太刀打ちできなかったのとは逆に、地廻り醤油は下り醤油を圧倒し、一八二一年（文政四）には江戸の醤油の九割強を占めるに至った。そこには原料を近隣で入手できたこと、下り酒の輸送に用いた大量の樽《たる》を空樽（明樽）問屋を介して再利用できたこと、そして何より江戸の人々の好む味の醤油を醸造できたことがある。地廻り醤油は色が濃く香りも強い濃口《こいくち》醤油で、ある時期から大麦を小麦に変えることで色香をより強めた。そのしっかりした味は、全国から来た人々が暮らす江戸の最大公約数的に嗜好される味で、鮨《すし》ネタの醤油漬け、鰻の蒲焼のタレ、蕎麦つゆなどに適した。いっぽう龍野では一七世紀半ば、色の淡く香りも抑えた淡口《うすくち》醤油が発明され、煮物、吸物、鍋物などに用いられた。その結果、関東は加熱した濃口醤油に味醂を加えて鰹ダシで割った濃味、関西は淡口醤油に昆布や椎茸などのダシを加えた薄味となった。

江戸前期、醬油は米や酒よりも高価で、刺身や煮物、焼物などに広く使われるのは都市部でも江戸後期以降になる。味噌が自家醸造されたのに対し、醬油は手間を要するため自家醸造は少なく、自家醸造した豆味噌の上澄みを溜《たま》り醬油とする程度であった。青森県南部地方では煮豆に塩と麴、水を加え発酵させて搾ったゴド醬油があったが、その利用はハレの場に限られ、普段はもっぱら味噌を使った。明治以降、企業の醸造した醬油が徐々に流通しだしたが、農村部では「普段は味噌で、醬油は特別な時」という使い方が長く続き、醬油味が日常の味に加わったのは戦後であった。今では肉料理にも合うことからソイソースとして世界にも流通している。

図２　酒樽の製作（神戸市灘区）

桶樽の普及　酒や酢、味醂、味噌、醬油などの醸造には容器が欠かせない。代表的な容器は壺甕《つぼかめ》と桶樽《おけたる》である。古くからある壺甕は、今日も家庭で梅を漬ける際に用い、鹿児島県霧島《きりしま》市福山町の福山酢でも薩摩焼の大きな甕を用いる。

しかし何といっても革命的だったのは桶樽であった。桶樽は、発酵のほか保存や輸送にも便利で、修理して長く使用もできた。竹を編んだ箍《たが》で側板を締める結桶《ゆいおけ》は、古代末に大陸から伝わると、やがて曲げ物に取って代わり、そこから蓋のついた樽も派生した。江戸時代には三〇石（一石は約一八〇リットル）入りなどの巨大な桶を作る技術も確立し、大規模な醸造・保管・輸送が可能となり、産地形成を後押しした。

戦後、桶樽もプラスチック容器やホーロータンクに変わったが、一方で意図的に桶樽に仕込んで木香をつけた酒や醤油が「本物」嗜好の人にもてはやされてもいる。

麴の活躍　麴は、穀物に生える良質な黴で、東アジアの温暖湿潤な気候風土では発酵によく用いられる。ただ、日本以外の地域の麴は塊状のモチ麴なのに対し、日本だけは粒状のバラ麴で、黴の種類も異なる点は言及しておきたい。麴を意図的に用いた発酵を醸造という。酒が「一麴、二酛《もと》、三造《つくり》」、味醂が「一麴、二仕込み、三熟成」、醤油が「一麴、二櫂《かい》、三火入れ」というように、麴は醸造の最も大切な要素で、麴を専門に扱う麴屋も室町時代には生まれた。近年、麴に塩と水を加えた塩麴が流行ったことも記憶に新しい。私たちには麴に惹かれる遺伝子が組み込まれているのかもしれない。

製塩と塩の清浄性　麴と並んで味噌や醤油の醸造に欠かせないのが塩である（本書「塩と砂

糖」)。塩は、発酵の際、適度な殺菌・防腐作用をもつ。また味加減を「塩梅《あんばい》」というように、塩は酢（梅）と並ぶ基本調味料でもあり、焼物や煮物、汁物などに使われる。

その当たり前すぎる存在から、塩に霊（魂）が宿る、塩を神に祀る例はないとされるが、製塩の神、塩堆神《しおつちのかみ》を祀る塩釜《しおがま》神社は注意される。宮城県塩釜市の塩釜神社の境外末社、御釜《おかま》神社の藻塩《もしおや》焼き神事からは製塩が神聖な行為であったことがわかる。相撲《すもう》や闘牛で土俵に塩を撒き、葬式で野辺送りから戻ると体に塩を振りかけてから家に入るように、塩には場の浄化/転換を図る力も期待された。

日本では塩のほとんどを海水から得た。製塩には藻塩焼き、揚浜《あげはま》式、入浜《いりはま》式などさまざまあるが、いずれも鹹水《かんすい》を採る採鹹と鹹水を煮る塩煮の二段階からなる。会津地方などの内陸部の一部で、湧出する塩水を煮詰める方法もあったが、ほとんどの地域は海からの塩を仕入れた。塩は塩俵《しおだわら》で運ばれたほか、塩引き、つまり塩漬けの魚としても運ばれた。東日本の塩《しお》鮭《ざけ》、西日本の塩鰤《ぶり》、奈良の塩鰯《いわし》、飛騨地方の塩イカ、福島の塩鯨《くじら》などはよく知られる。

塩は、一九〇五年（明治三八）の専売制で安定供給され、一九九七年（平成九）の専売制撤廃で多様化した。現在は「古式」で作られた塩、沖縄の海で作られた塩、海洋深層水で作られた塩、さらにミネラル豊富な海外の岩塩など、塩にもさまざまな「味」が生まれ、健康志向から塩分の半分をカリウムに置換した「塩」まである。

御馳走としての砂糖　塩と同じ固体調味料の砂糖は、酢、味噌、醬油、塩とともに五大調味料「さしすせそ」の一つである（本書「塩と砂糖」）。中世までは輸入のみで上流階級が贈答や薬に用いた。江戸時代には奄美・沖縄で黒糖、讃岐で白糖が作られたが、幕末まで高級品で、農村部まで広く普及するのは国内生産が増大する明治以降になる。長く高級品であった砂糖への憧れは根強く、当初はハレの贈答品・食品として受け入れられた。盆の進物《しんもつ》に箱入りの角砂糖が流行したという明治後期の新聞記事もあり、今日も香奠《こうでん》の引き出物や彼岸《ひがん》の贈答品に砂糖を用いる地域がある。長崎県平戸市では田植期の弁当に田植砂糖と称する黒砂糖を入れ楽しみとした。砂糖を用いた料理も人々の心を摑んで放さない御馳走《ごちそう》であった。沖縄には、にんにくや大根などを砂糖で漬けたジージキ（地漬）もあった。ジージキには主に黒砂糖を用いたが、祝い事には泡盛に白砂糖を入れたテイハクザキ（砂糖酒）を作った。

塩と砂糖の歴史的関係を象徴するのが小豆餡《あずきあん》である。江戸時代まで塩を用いた塩辛い餡が主だったが、明治以降、砂糖を煮物に用いる機会の増える中で次第に甘い餡となった。今日では塩餡や塩ソフトといった両者の絶妙な取り合わせも嗜好され、日本の食文化において塩と砂糖は重要性を失っていない。なお、アイヌではヒグマやエゾシカなどから取った動物性油脂のほんのりした甘さを砂糖代わりに利用した。

乾物の利用　乾燥には塩や砂糖のように加熱・結晶化して水分除去する以外にもいくつか

方法がある。最も基本的な方法である天日干し、囲炉裏《いろり》の火棚で燻す燻製《くんせい》、冬期に食材を凍結させつつ乾いた空気で乾燥させる凍乾法などである。

乾燥させた食材は保存できるほか、重量が減って運搬にも便利になった。乾燥により付加価値が生じた食材を乾物という（本書「乾物とだし」）。農村部では自家で乾物を製造・消費することが多かったが、物資の流通の盛んな都市部では乾物を仕入れ販売する乾物屋もいた。乾物は、そのまま食すほか、湯や水で戻したり、軽く炙って食べた。今日、最も身近な乾物はインスタント食品だろう。簡便に調理・飲食できる食材として今や私たちの食生活に不可欠となっている。

海藻と乾物　日本は他国に比べて海藻をよく食べるといわれる。海藻は、乾物としても重要な位置を占めてきた。飛鳥《あすか》時代の木簡にも若布《わかめ》や天草《てんぐさ》などがみえ、乾物として早くから流通していたことがわかるが、海藻にとって画期となったのは江戸時代であった。

例えば、若布は一八四五年（弘化二）、阿波《あわ》で画期的な保存法、灰乾《はいぼし》法が生まれた。これは歯ごたえや香りを保ちつつ色鮮やかに保存できる方法で、後に三陸若布はこの技法を取り入れてブランド化した。乾物は広範に流通するに伴い、色合いや歯ごたえ、香りといった総合的な「味」も重視されるようになった。

天草《てんぐさ》も、もとは主に肥料に用いたが、一六五〇年（慶安三）頃、天草を煮て冷やした心太《ところてん》を凍乾法で寒天《かんてん》に加工する寒天製法の発見を皮切りに、天草を食す機会が増え、江戸後期には完全に商品化された。なお、心太は清涼感から主に夏に食され、仏の鏡として盆棚に供えられることも多かった。

海苔《のり》も、古くは岩場に付いた海苔を採り、汁に入れたり、炙って食したが、一七世紀末に品川沖で養殖が始まった。生育が気候風土に大きく左右される海苔は、運草《うんぐさ》とも呼ばれ、養殖は当初失敗も多かったが、贈答品として高値で売れたため次第に盛んとなり、ほどなくして東海や四国、三陸などにも伝播した。三陸では、一八五四年（安政元）に陸奥国気仙沼《けせんぬま》（宮城県）、一八六四年（元治元）に同国大船渡《おおふなと》（岩手県）、大正末年に岩手県陸前高田《りくぜんたかた》で養殖が始まり、今日の海鞘《ほや》や帆立《ほたて》などの養殖の礎となった。海苔生産の増大は、食文化に大きな影響を与えた。節供や花見の御馳走に巻き鮨や握り飯など海苔で包んだ米飯が用いられるようになり、関連して一八六九年（明治二）、日本橋の山本海苔店が醬油や味醂を塗布した味付海苔も販売した。

海藻と信仰　海藻は神饌としても重要であった。福岡県北九州市門司《もじ》区の和布《め》刈《かり》神社や島根県出雲《いずも》市大社《たいしゃ》町の日御碕《ひのみさき》神社などで行う和布刈神事では、神職が海で刈った若布を神前に供え、招福や豊漁を祈願する。田植えの際に田の神に若布を供える地域も多い。

昆布も正月のおせちの昆布巻のように縁起物であった。「喜ぶ」の語呂合わせは後世の仮託であろうが、天皇の即位儀礼や大嘗祭《だいじょうさい》でも供えられ、結納《ゆいのう》や正月の注連《しめ》飾りや鏡餅などにも付けられた。新潟県では一月二〇日を昆布巻正月といって年取魚《としとりざかな》の鮭の骨を入れた昆布巻を食べた。大阪を中心に今日も昆布を贈答品に用いる地域は多い。

図３　昆布を売る店（京都市北野区）

昆布の流通とダシの利用　乾物で注目すべきは、産地から離れた地域まで流通し、その土地の食文化として根付いたことである。その典型が昆布である。三陸以北に自生し、多くの地域はこれを仕入れて利用した。飛鳥時代の木簡にも「軍布」がみえ、昆布ロードともいえる流通経路が早くからあったことが窺える。昆布は、西廻り航路の整備で流通量や流通範囲を飛躍的に拡大し、大坂を介して薩摩や琉球《りゅうきゅう》まで流通した。大坂では、昆布を松《まつ》前《まえ》とも呼び、表面に薄い昆布をのせた押し鮨を松前鮨ともいった。「松前」は、魚の生臭さを消し、魚の乾燥を防ぎ、さらに魚にうま味も浸み込ませた。沖縄は今日もクーブイリチー（昆布炒め）やクーブマチ（昆布巻）をはじめ、煮物や汁物などに昆布《くーぶ》を盛んに用いる。

昆布のもたらした、もう一つの影響にダシがある。ダシをとる文化は早くからみられ、日本では油脂に頼らなかったため繊細な味を育んだ。昆布ダシや鰹ダシが庶民にまで普及するのは江戸後期以降だが、江戸時代の料理文化の中でダシの基礎が確立し、それが現在の食生活に繋がるのも事実である。昆布ダシは、乾燥で生じた昆布のうま味の利用として最適であった。ダシは、東の鰹ダシ・西の昆布ダシともいえ、それは鰹節は太平洋側を流通して江戸に、昆布は日本海側を流通して大坂にそれぞれ入った結果でもあった。食味の東西差は、戦後次第に薄まりつつあるが、現在なおインスタント食品にダシの東西が反映されているように根強く残っている。

里の乾物、大根　里や山の乾物も夕顔《ゆうがお》（干瓢《かんぴょう》）、芋ガラ、キクラゲ、ゼンマイ、大根など多様である。中でも大根は古くから用いられた野菜の一つで、乾物のほか、漬物にしたり、火を通したり、生食もされた。大根の葉も干葉《ひば》と称して湯通しして乾燥させ、水で戻して食べた。

大根は、その汎用性の高さから、青首大根のほか、聖護院《しょうごいん》大根（京都市左京区）、練馬《ねりま》大根（東京都練馬区）、桜島大根（鹿児島県桜島）、三浦大根（神奈川県三浦半島）など調理目的に応じた品種が各地に生まれた。例えば、煮物には煮崩れしにくい桜島大根、沢庵漬《たくあんづけ》には細長い練馬大根が適した。沢庵漬のように大根のうま味を引き出した漬物は多い。干し大根を刻んで三杯酢に漬けた長崎や熊本のハリハリ漬、大根を米麹と砂糖で甘く漬けた東京のベッタラ漬、干し大根を塩漬けして醤油で味付けした九州南部のツボ漬、燻した大根を米糠《こめぬか》で漬けた秋田のイブリガッコなどはよく知られる。

図4　練馬大根の乾燥（東京都練馬区）

大根はハレの場でもよく用いられてきた。大師《だいし》講《こう》（一一月下旬）で大根鱠《なます》や大根焼き、大黒様（一二月初旬）の嫁取りで人の肢体を想わせる二股大根を供えたり食べたりした地域は多い。東京日本橋の宝田恵比寿《たからだえびす》神社のべったら市では福をつける縁起物のベッタラ漬が売られ、一二月の京都の寺院では中風《ちゅうふう》封じや厄除けに聖護院大根を炊いて参拝者に振る舞う。

野菜と漬物　野菜は、魚と並んで汁と菜の食材として欠かせない。野菜には自生の山菜と栽培した蔬菜《そさい》がある。山菜を改良したのが蔬菜で、アク抜きを要さず山菜より苦味も少ない。蔬菜には根菜、果菜、葉菜がある。早くに栽培されたのは根菜で、果菜が続く。葉菜は江戸時代まで種類も少なく、キャベツや白菜なども明治以降に栽培が始まった。蔬菜は、一部生食もされたが、多くは煮たり、茹でたりした。葉菜を生食するサラダは戦後からで、これに伴い蔬菜の味や食感も変わった。今日の蔬菜は、味も甘く、食感も柔らかく、調理も手間のかからないものが多い。

今日、栽培技術や流通の発達で実感しにくいが、本来、野菜には季節性（旬）と地域性があった。季節や地域により採集・収穫できる野菜は異なり、旬に大量に採集・収穫された野菜の余剰分は保存した。冷蔵技術の未発達の時代、それを可能としたのが乾物と漬物であった。特に冬期、野菜全般が入手困難となる東北や北陸では、漬物が野菜を年中食せる機会を生んだ。

先の「醬」のうち、漬物は草醬にあたり、奈良時代の木簡などにも瓜《うり》や蕪《かぶ》の塩漬けや酢漬けなどがみられる。食材を脱水・硬化させる塩漬けと酢漬けは最も基本的な漬物である（本書「漬けもの」）。

一口に漬物といっても、漬け込み期間は数日から数年までさまざまある。元々は保存を第一としたから、長く漬け込んで乳酸発酵を促して殺菌力も高めた。典型は奈良漬だろう。塩漬けした白瓜を、酒粕《さけかす》を何度も替えながら漬け込み、最後に本漬けと称し、焼酎や味醂で味付けした酒粕で数年漬け込む。こうすると数年利用できる。
ところが江戸時代、野菜が豊富になると、味を馴染ませることを主目的とした漬物が現れた。塩漬けした食材に調味料を加えただけの発酵させない漬物である。あっさりした味の一夜漬や浅漬がそれで、発酵させた漬物である古香《こうこ》と区別して新香《しんこ》と呼んだ。後に新香が漬物全般を指すようになったのは、発酵させない漬物が主流となった結果である。明治以降に普及するカレーに付け合わせる福神漬も新香の一種である。
漬物は、調理せずそのまま食せるため、日常団欒《だんらん》の場で食された。それは家の漬物の味を披露する場でもあり、味噌と同様、家の主婦が管理し、出来が悪いと不吉の兆しともされた。

茶の生産とその展開　漬物は飲茶の茶請けとなったり、茶粥《ちゃがゆ》や茶漬に添えられたりと茶と深く関係する。加工した茶樹を用いた飲料の茶は、日本では奈良時代に登場し、鎌倉時代に普及し始める（本書「茶」）。ただ、それは碾茶《てんちゃ》や、茶の湯の前身の抹茶《まっちゃ》といった上流階級の飲料である。江戸時代に入って乾燥した茶葉を煎じて飲む煎茶《せんちゃ》が普及する。山城《やましろ》国宇治《うじ》の永《なが》谷宗円《たにそうえん》が考案した宇治茶の製法の普及を経て、幕末、開国した日本にとって茶は生糸と並ぶ主要な輸出品目となった。宇治茶のほか、伊勢《いせ》茶（三重県）、静岡茶、狭山《さやま》茶（埼玉県）などの産地を生み、国内でも日常茶飯事の語のとおり飲茶が日常化した。

発酵茶と振茶　茶は加熱、揉捻《じゅうねん》、乾燥を経て造られる。加熱で茶葉の自然発酵を止め、揉捻で成分の浸出を促し、乾燥で保存性を高める。いっぽうこの工程を踏まえつつ途中で人為的な発酵を加えた発酵茶もある。現在も四国山地には阿波晩茶《あわばんちゃ》、石鎚黒茶《いしづちくろちゃ》、碁石茶《ごいしちゃ》などがある。いずれも独特の酸味とうま味を有し、自家飲用のほか、瀬戸内の島々の茶粥に用いられた。類似の発酵茶は茶樹の原産地に近いタイやミャンマーの山間部にもみられ、日本の茶が「宇治茶」に集約されない多様性をもつことを示す。

発酵茶を独特の方法で飲むのが富山県東部のバタバタ茶である。黒茶と呼ぶ発酵茶を特殊な茶筅《ちゃせん》で泡立てて飲む振茶《ふりちゃ》で、まろやかな味となる。女性が囲炉裏端に集まった時に飲み、ホスト側の女性はヨコザと呼ぶ主人の座席で茶を立てた。島根県出雲地方のボテボテ茶ではこれに赤飯や漬物を入れる。

社交飲料としての茶　茶は誰でも自由に飲めたわけではない。子供が茶を飲むと「色が黒くなる」「字を覚えぬ」などといった伝承も多く、一部で茶は大人の飲料であったことがわかる。

加えて、茶は多くの人々が集まった時、ハレの場などで飲み、普段の家の食事では湯や水を主に飲んだ点にも注意したい。中世、茶の味を飲み分けて勝敗を競った公家の遊びに闘茶《とうちゃ》（茶寄合《ちゃよりあい》）があったが、群馬県吾妻《あがつま》郡中之条《なかのじょう》町の白久保《しろくぼ》天満宮《てんまんぐう》では、闘茶と年占《としうら》を習合させた、お茶講《ちゃこう》が行われる。氏子が四種の茶を試飲し、別に用意した七つの茶と照合する。すべて当てるか外すかした氏子の人数でその年の豊凶を占う。茶は人間関係を維持・強化し、村や家の行方に関わる飲料であった。正月に汲んだ若水《わかみず》で福茶と称する茶を沸かし、神棚に供えて家族で飲んだ地域も多い。

西日本に多い茶堂《ちゃどう》の習俗も社交飲料としての茶を象徴する。茶堂は村の入口などに設けた、地蔵《じぞう》菩薩《ぼさつ》や弘法大師《こうぼうだいし》などを祀る堂で、人々の集まる場でもあった。集まった時は茶を飲むことも多く、祭日には参詣者にも茶を振る舞った。四国では遍路《へんろ》に茶を接待する場ともなった。また、茶は結納や香奠返しの贈答品にも用いられた。九州では結納自体を「お茶」と呼ぶ地域も多い。福岡県筑後地方では、聟《むこ》方が嫁方に贈る結納の品々を「お茶」と総称し、聟方の用意した雄蝶雌蝶《おちょうめちょう》を「お茶の包み」、贈答の着物を「お茶着物」と呼び、これらの品々を運ぶ行列を「お茶行列」ともいった。嫁の家では近所の女性を招き、「お茶見せ」と称してこれらを披露し、嫁入り当日もお茶着物を着た。こうした茶の機能は酒とも類似するが、酒が神人共食と人人共食を兼ねたのに対し、茶は人人共食に特化した飲料であった。

「茶」とコーヒー　ここまで茶樹を加工した飲料を茶としてきたが、より広義に乾燥させた植物類を煎じた「茶」に目を向けると、今日、店頭には黒豆茶、ハト麦茶、桑《くわ》の葉茶、昆布茶など多彩な「茶」がみられる。茶樹のない地域ではアケビやカワラケツメイなどを薬用で飲み、無病息災も祈願した。開花前の山アジサイの葉を乾燥させた甘茶《あまちゃ》もその典型で、ほんのりした甘みと苦味をもつ。卯月《うづき》八日には寺院境内に安置された釈迦《しゃか》の誕生像に参詣者が甘茶をかける。この日は各家でも甘茶を作って邪気払いに飲んだ。

明治以降に飲まれるコーヒーも「茶」に入る。一八七五年（明治八）、東京と横浜で泉屋新《いずみやしん》兵衛《べえ》がコーヒーを販売し始め、砂糖の普及も手伝って確実に定着した。戦後はインスタントコーヒーや缶コーヒーも登場して家庭でも手軽に飲めるようになり、私たちの食生活に不可欠な飲料となった。

近年、茶に新たな局面も生じている。飲む機会の拡大・多様化と、それに伴う味の多様化、健康飲料としての関心の高まりである。一九九〇年代のペットボトルの普及とも相まって、誰もが時と場を選ばず「茶」を飲めるようになり、さまざまな味を選べるようになった。脂肪分解、血圧や血糖値の低下などの効能を謳った「茶」も多い。「茶」の裾野は拡大し続けている。

「味」の行方　和食の基本は一膳一汁一菜《いちぜんいちじゅういっさい》とされる。私たちは、主食の一膳に、副食の一汁と一菜を添える形態を基本的食事形態としてきた。本巻で扱う食材は一汁一菜の重要な要素である。一例をあげれば、味噌は味噌汁（一汁）や嘗め味噌（一菜）に用いられ、昆布も一汁のダシをとり、煮物として一菜にもなった。それらはいずれも家の味、地域の味、日本の味を生み、日本人の味覚形成に大きな意味をもってきた。

戦後、その味覚が大きく変わりつつある。家庭で発酵食品や乾物を造る機会、ダシをとる機会が減少し、油脂で味付けした出来合いの食物が幅を利かすようになった。加えてカロリーという理化学的物差しによる、味とは無縁な機械的食事もみられる。うま味という独特かつ微妙な味を自らの舌で体感する、この何気ないことが難しくなりつつある。食の大味化や平板化は私たちをどこに導くのだろうか。その手がかりの一助として本巻では、発酵や乾燥させて保存すると同時に、うま味を凝縮して豊かな味を生み出してきた代表的食材を取り上げ、「日本の食」を支え、「日本の味」を育んだ歴史・文化的背景に迫ってみたい。

参考文献

井之口章次　一九五三年「味噌の魅力」『日本民俗学』一巻一号
岩城こよみ　二〇一六年『味噌の民俗』大河書房
漆間元三編　一九八二年『民俗資料選集一二　振茶の習俗』国土地理協会
小川敏男　一九九六年『漬物と日本人』日本放送出版協会
神崎宣武　二〇〇五年『「まつり」の食文化』角川選書
斎藤ミチ子　二〇〇四年「神々の食膳」国学院大学日本文化研究所編『東アジアにみる食とこころ』おうふう
瀬川清子　一九五六年『食生活の歴史』講談社（のち一九六八年、名著シリーズ、講談社）

田中宣一　一九九五年「御馳走と食文化」田中宣一・松崎憲三編『食の昭和文化史』おうふう
原田信男　一九八九年『江戸の料理史』中公新書
星名桂治　二〇一一年『乾物の事典』東京堂出版
宮本常一　一九七九年「塩の道」山本宗睦他『道の文化』講談社（のち一九八五年『塩の道』講談社学術文庫）
守屋　毅　一九八一年『お茶のきた道』日本放送出版協会
八百啓介　二〇一一年『砂糖の通った道』弦書房
柳田国男　一九三九年「民俗と酒」『改造』一九三九年二月号（のち一九六九年「酒の飲みようの変遷」『定本柳田国男集　第一四巻』筑摩書房）
　一九七四年『分類食物習俗語彙』角川書店
柳田友道　一九九一年『うま味の誕生』岩波新書
吉田　元　一九九一年『日本の食と酒』人文書院（のち二〇一四年、講談社学術文庫）
　二〇一五年『ものと人間の文化史　酒』法政大学出版局

酒——供える謹みと飲む楽しみ——

吉田　元

1　神事と酒

供える酒―神酒　昔から「お神酒《みき》あがらぬ神はない」などといわれてきた。神酒とは神に捧げる酒である。農耕社会においては、その年に穀物が無事に収穫できたことを神に感謝し、翌年の豊穣を祈る。最初に収穫された「初穂」と、初穂で醸した酒を神に捧げた。稲にかぎらず大麦、その他の雑穀を栽培する世界各地の農耕民族が昔から行ってきた儀式である。

米が第一の穀物とされてきた日本では、稲の初穂で飯を炊き、酒を醸した。捧げる対象は農耕神や水の神であった。神道の儀式は、まず供え物を神に捧げる「神祭《かみまつり》」、次いで神と人間との共食である「直会《なおらい》」、最後に参列者たちの宴会というべき「饗宴《きょうえん》」の順で行われてきた。

しかし今日では税制の制約もあり、神祭のために特別に酒を醸すことはほとんどなくなってしまい、市販酒を使用することが多くなった。また直会も饗宴と一体化している場合が多い。今日でも神酒をつくっているのは、三重県の伊勢神宮や奈良県の大神神社《おおみわじんじゃ》など、古くからある大きな神社で、こうした神社には神酒用の「酒殿《さかどの》」の設備がある。

俗に「酒の神様」とよばれ、全国の酒屋の崇敬を集めているのは、京都市西京区の松尾大社《まつのおたいしゃ》である。松尾大社の境内には全国の造り酒屋が寄進した菰樽《こもだる》がうずたかく積み上げられている。その起源は非常に古く、渡来人集団である秦氏《はたうじ》が定住した平安京遷都以前からこの地にあったと伝えられる。祭神大山咋命《おおやまくいのみこと》は、もともと山上に住み、鳴鏑《なりかぶら》〈鏑矢〉を持つ戦の神、荒ぶる神であったが、時代が下るにつれて水の神、農耕の神、さらには酒の神へと変化していった。江戸時代初期の京都の地誌『雍州府志《ようしゅうふし》』（一六八六年〈貞享三〉）では、すでに酒徳の神になっている。

伊勢神宮、大神神社、出雲大社〈島根県〉など、現在でも神酒をつくる神社がある。いくつか取り上げてみよう。

伊勢神宮の祭神は、内宮《ないくう》が太陽神である天照大神《あまてらすおおみかみ》、外宮《げくう》は豊受大神《とようけおおかみ》である。豊受大神は御食津神《みけつかみ》とよばれ、天照大神の食事を司るためはるばる丹後国《たんご》から勧請《かんじょう》された神である。天照大神の食事である神饌《しんせん》は、毎日清浄な火〈忌火《いみび》〉を用いて調理され、内宮まで運ばれる。月次祭《つきなみさい》や神嘗祭《かんなめさい》など大祭のためには、今も酒が醸されている。御酒殿《みさかどの》で醸される酒は、古代酒の姿をよく残していると思われる。

白酒と黒酒　天皇即位後、最初の新嘗祭《にいなめさい》である大嘗祭《だいじょうさい》では、白酒《しろき》と黒酒《くろき》が醸されて供えられてきた（図1）。

天地《あめつち》と久しきまでに万世《よろずよ》に
仕へまつらむ黒酒白酒を（『万葉集』四二七五）

この白酒・黒酒のつくり方に関してはさまざまな説があり、やや混乱も見られるが少し考察してみよう（吉田　二〇一五）。古代酒に関する定量的記述はきわめて少なく、その後に変化している可能性もあるから、およそこのようなものだったろうと推測する程度である。

平安時代の『延喜式《えんぎしき》』（九二七年〈延長五〉）造酒司《みきのつかさ》によれば、官田の稲二〇束を用いて「あしぎぬ（絁）」の大篩《おおぶるい》二つ（一つは灰を、もう一つは酒を篩う）、麴《こうじ》を曝す布帷子《ぬのかたびら》などを用意する。米一石（一石は一〇〇斗、約一八〇〇㍑）を擣《つ》き、そのうち二斗八升を麴に、七斗一升四合を蒸米にし、水五斗を加える。ここから酒一斗七升が得られる。酒を二つの甕に等分し、一つには久佐木灰《くさきばい》三升を加えてこれを「黒酒」、加えない方を「白酒」と称する。黒酒は灰を加えて着色した酒である。

践祚《せんそ》大嘗祭において酒は斎会《さいえ》の夜と解斎《げさい》の日に、また新嘗祭の直会でも参議（上位の貴族）以上に提供された。

昭和天皇の即位まで大嘗祭は京都において行われたので、白酒・黒酒は上賀茂《かみがも》神社の境内において

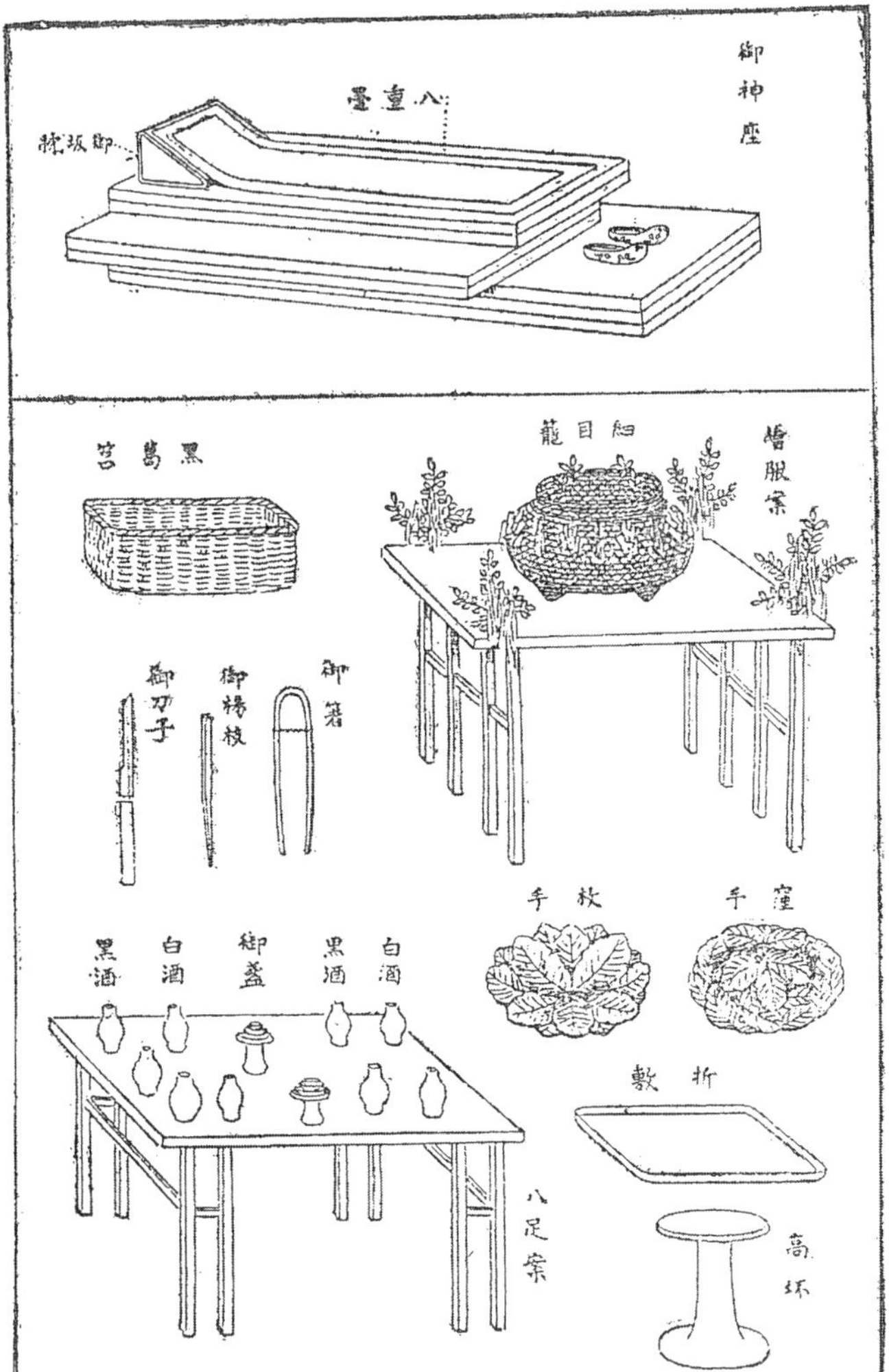

図1　白酒・黒酒や八足の机など、大嘗祭の諸道具(『考古学講座8』〈1928年〉より転載)

醸され、会場である京都御所まで運ばれた。しかし、大嘗祭や新嘗祭の神酒づくりは手間もかかるので、現在では行われなくなり、関西のあるメーカーが製造したものを使用している。

新嘗祭は、もともとは稲の精霊を祀る収穫感謝の儀式と思われ、後の秋祭りにもつながる儀式である。秋祭りや正月は、日常酒を飲む機会が少なかった庶民にとってめったにない酒宴の場であり、酔いつぶれるまで飲むことができた。こうしたことが日本人の飲酒スタイルを決めてきたように思う。

2 古代・中世の酒

古代の酒　古代の酒はどんなものだったのだろうか。資料をもとに復元された酒は、加える水の量が現代の酒よりも少なく、粘度が高いものである。また醪《もろみ》に灰を加えてから漉《こ》すのは、一部の地方に残る「灰持《あくもち》酒」にもつながるもので、腐敗を防ぎ、品質が安定した酒をつくるための技法である。古代に清酒《すみさけ》が存在したか否かは意見の分かれるところだが、高級酒は絹のあしぎぬで漉していることから、清酒だった可能性が高い。一方庶民の飲む酒は、まだ蒸米と麹《こうじ》がまじった「濁酒《にごりざけ》」が一般的だった。

飲む楽しみ　筆者は、遅咲き桜の名所、京都御室仁和寺《おむろにんなじ》の門前で育った。昭和三〇年頃の酒についての思い出といえば、朝早くから今日こそは飲むぞとばかり日本酒の一升壜《いっしょうびん》をかかえ続々と繰り出して来る大勢の花見客、桜花の下での飲めや歌えの大酒宴、そして夕方ともなれば、あちこちではじまる喧嘩、門内に倒れ伏している酔っ払いの姿などで、子ども心にもよい印象は残っていない。大学に入ってからの学生コンパでも、まず酔って本音をさらけ出すことを強いられたように思う。

戦国時代の公卿山科言継《やましなときつぐ》の若い頃の日記には、花見酒で「狂ふ」という表現がよくあった。かつて日本人の飲酒といえば、飲む機会には狂い、酒は酔うためのものだったから、体質的に飲めない人間にとっては苦痛だったろう。

日本を訪れたキリスト教宣教師たちの記録も、日本の宴会において主人の役割は、客にはとにかくたくさん酒を飲ませて酔わせることであり、そのためにさまざまな仕掛けがあると述べている。

もっともこれは昔の話で、この半世紀ほどの間に日本人の飲み方も大きく変化した。かつてのような狂乱は影をひそめ、本当に酒の味を楽しみ、ほどほどに酔う人が多くなった。

米の酒日本酒　日本酒は米を原料にしてつくる醸造酒の一種である。世界にはさまざまな穀物が存在するが、米ほどアルコール度数が高い酒がつくれる原料はない。これがワインのように食事と共に味わう「食中酒」ではなく、酔うための「食前酒」という、日本酒の性格をつくってきたように思う。

しかし、強くて早く酔いがまわる酒であることは、昨今の若い人には歓迎されないようだ。発酵が終わったばかりの日本酒の醪《もろみ》は蒸米と麹を含んでおり、まだ炭酸ガスの泡が出て、舌を刺激する甘い飲み物である。これが「濁酒《だくしゅ》」で、さらに醪を布袋に入れて搾り、澄んだ黄金色の「清酒」にするわけだが、粘度が高く漉すのに手間がかかる。

清酒はいつ頃から存在したのだろうか。本格的に濁酒から清酒へ転換したのは戦国時代の終わり頃だといわれているが、前述のように平安時代の『延喜式《えんぎしき》』造酒司《みきのつかさ》にも、濁酒を漉す道具として「あしぎぬ」の記載がある。

濁酒はより大衆的であり、『万葉集』大伴旅人《おおとものたびと》による「酒をほむる歌十三首」中の、

験《しるし》なき物を思はずば一杯《ひとつき》の濁れる酒を飲むべくあるらし（三三八）

価《あたひ》なき宝といふとも一杯の濁れる酒にあにまさめやも（三四五）

の二首は、「濁り酒」に対する今日の我々の憧れを高めてくれる。昨今「どぶろく特区」の設置が好感をもって受け止められている理由は、一つはこうした万葉ロマン、もう一つは現行酒税法では原則濁酒は禁じられているために、飲みたくとも飲めない酒ゆえの憧れだろうか。

しかし奈良時代の庶民の境遇はきびしかった。濁酒さえ飲めない者は、寒い冬の夜には「粕湯酒《かすゆざけ》（酒粕を湯にとかしたもの）」を飲んで寒さをしのぐしかなかった。

また古くは「待ち酒」という言葉が存在したように、酒は特別の日のために醸すもので、いつでも飲めるというものではなかった。

中世の酒　大量飲酒のもたらす弊害をよく知っていたためか、鎌倉幕府は酒づくりに対してきびしい姿勢でのぞみ、『吾妻鏡《あづまかがみ》』一二五二年（建長四）九月三〇日条にあるように、鎌倉の町における

図2　麴売りの女（『群書類従巻503　七十一番職人歌合』より）

「沽酒《こしゅ》」、つまり酒の販売を禁じ、酒壺《さかつぼ》を破却させた。酒壺の数は四万個近かったというから、酒は盛んにつくられていたものと思われる。

南北朝の戦乱を経て京都に室町幕府が開かれた一四世紀終わり頃から、途中応仁《おうにん》の乱《らん》をはさんで戦国時代の末頃までが、京都の酒の全盛期である。京都の酒屋の特徴は、最初の都市住民向け酒屋だったことで、せまい京都の町中に一時は三〇〇軒以上もの酒屋が軒を並べていた。なかでも五条坊門西洞院《ごじょうぼうもんにしのとういん》にあった柳酒屋は、酒銘「柳」を最初につけた酒屋として地方でもよく知られていた。

狂言『餅酒《もちさけ》』では、加賀《かが》国、越前《えちぜん》国から年貢を納めに上洛した二人の百姓が「松の酒屋や梅壺の柳の酒こそすぐれたれ」と都の酒をほめたたえるのである。また室町時代の公卿や僧侶の日記には、贈答品の「柳」、「柳一荷」がよく登場する。名前の由来は店の前に大きな柳の木があったから、あるいは柳の木で樽をつくったからともいわれる。

『蔭凉軒日録《いんりょうけんにちろく》』一四六六年（文正元）七月四日条は、柳酒屋が毎月幕府に納める税金は六〇貫、年間七二〇貫にも達すると述べており、それは幕府の年間収入の一〇分の一に相当するとのことである。

このように室町幕府はむしろ酒づくりを奨励し、酒屋から税金を徴収する政策を取ったが、剛毅な関東武者もやがては都の風習に染まり、将軍以下連日の酒宴によって酒に溺れる体たらくとなってしまった。将軍の多くは健康を損なったという。

一方、一五〇〇年（明応九）頃に成立した『七十一番職人歌合《しちじゅういちばんしょくにんうたあわせ》』には、生活のために河原の市で手づくり食品を売って働くたくましい女たちの姿が描かれており、このうち酒に関係があるのは、第六番「酒作り」と、第三八番「麴売り」である。

「酒作り」の口上は、「先ずさけめせかし。はやりて候。うすにごりも候」とある。「うすにごり」は、澄んだ酒である清酒と蒸米を含んだ濁り酒の中間的な酒で、「中汲み」ともよばれる。人々はやはり濁酒より清酒に近い酒を好んだのだろう。また「麴売り」の口上は、「殿方どのご覧じてよだれながしたまふな」とあり、麴は酒づくりに必須のもので、酒好きに酒を連想させるものと認識されていた。挿絵は後年になって描かれたもののようだが、女の前に置かれた「曲げ物」には麴が入っている。今の角形麴蓋の前身と思われ、興味深い（図2）。

3　近世の酒造

技術の革新　日本酒は、長い年月をかけて製法の改良を重ねてきた。戦国時代末期の一六世紀中頃からの技術革新にはじまり、江戸時代初期の一七世紀半ばにほぼ完成されたとされる。

では近世の酒は、古代、中世から何がどうかわったのだろうか。技術の革新は奈良、特に興福寺《こうふくじ》とその塔頭《たっちゅう》を中心とした寺院の酒、「僧坊酒《そうぼうしゅ》」づくりから生まれ、およそ三点ある。順に述べると、以下のとおりである。

① 寒づくりと諸白《もろはく》化：酵母という微生物の働きによるアルコール発酵は、気温が高いほど迅速に進行する。したがって、暑い季節の方が酒は早くできる理屈である。実際それ以前の酒は、真夏を除いてほぼ一年中つくられていた。しかし、夏場につくった酒は味が荒く、決しておいしいとはいえないし、またさまざまな雑菌が侵入してくるから、酒づくりに失敗する危険性もまた高い。

逆に寒中に酒づくりを行うことは、発酵に長い時間を要するが、品質のよい酒をつくることができる。その後江戸時代になると、酒造統制がしやすいこともあって、酒づくりは次第に冬に集中されるようになった。

また精米作業に手間はかかるが、「諸白」と称して蒸米と麴《こうじ》の双方に精白米を使用すれば、雑味が少ない品質のよい酒をつくることができる。「南都《なんと》諸白《もろはく》」、つまり奈良産の諸白は、江戸時代初期まで品質優良な高級酒の代名詞であった。「精米歩合」（精白米の容量÷玄米の容量）は、約九割と今の飯米程度であり、大吟醸酒《だいぎんじょうしゅ》などには到底及ばないけれども、それまでの「片白」に比べれば格段によい酒ができた。諸白は、奈良興福寺の『多聞院日記《たもんいんにっき》』では一五七六年（天正四）が初出であるが、一五八二年五月、甲斐《かい》の武田氏を滅ぼした織田信長の近江《おうみ》安土《あづち》城における酒宴には三荷の諸白と盃台《さかずきだい》が興福寺から献上されている。

② 段掛け：日本酒をつくるには、米のでんぷんを糖化してブドウ糖にかえるコウジカビと、その後ブドウ糖をアルコールにまで変換する日本酒酵母の二種類の微生物がうまく連携することが必要になる。ほぼ酵母のみを培養する「酛《もと》」に蒸米、麹、水を三回に分けて加えていく操作を

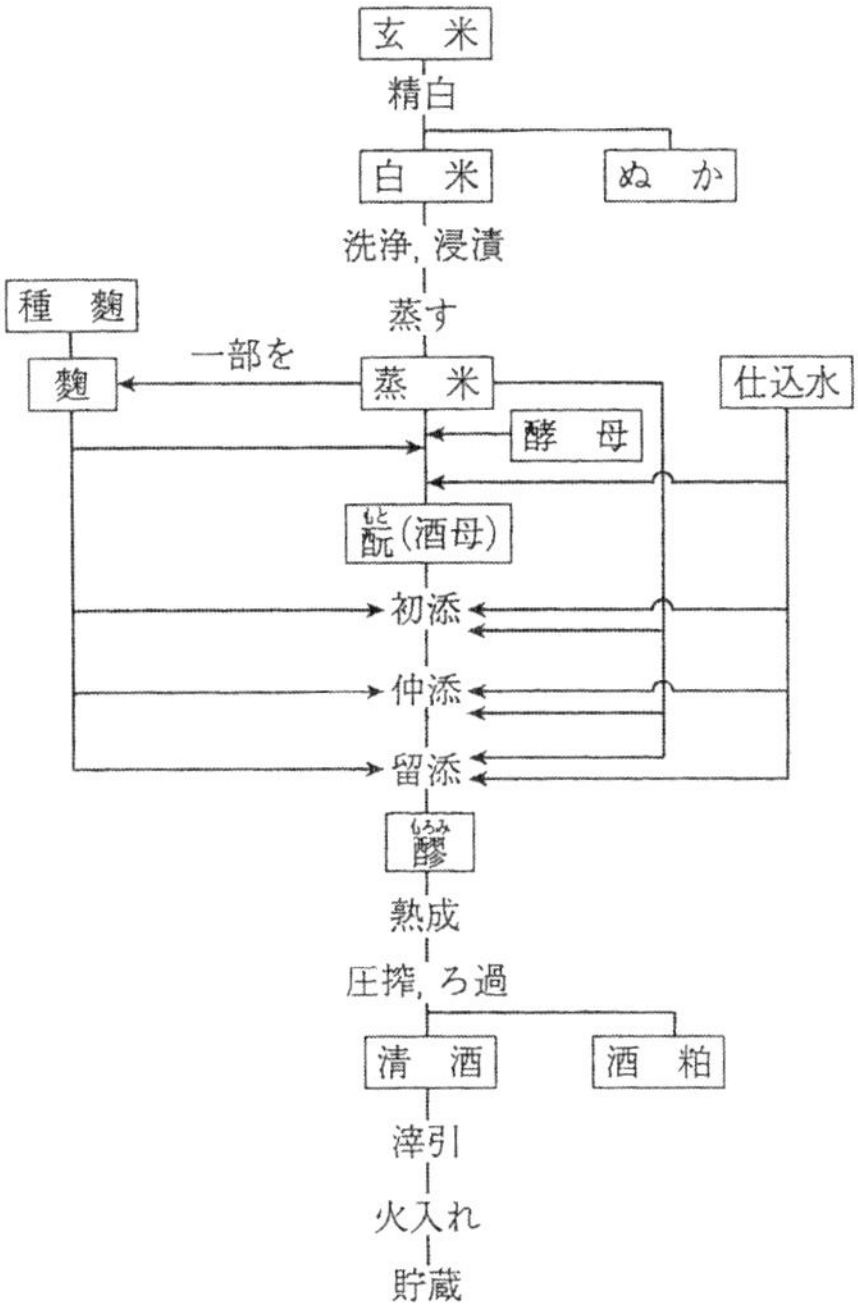

図3　日本酒製造工程

「段掛け」とよぶ。分けて加えることで酵母はよく増殖し、コウジカビがつくったブドウ糖を効率よくアルコール発酵させていく。これが同時に進行するので、専門用語では「並行複発酵」という。並行複発酵によって、日本酒は約二〇度という、世界の醸造酒中もっとも高いアルコール濃度を達成することができた。このことは日本酒の飲み方にも大きく影響を及ぼしている（図3）。

③火入れ：しかし残念ながら日本酒はきわめて腐敗しやすく、ワインのように長期間保存するのはむずかしい酒である。現在ではつくってからおおむね一年以内に消費される。古酒が珍重されたのは戦国時代頃までであり、その後は廃れてしまった。

そこで酒の腐敗を防ぐため、搾って酒粕《さけかす》を除いた清酒を夏前から一か月に一度くらいの間隔で、約六〇度にまで加熱して殺菌することがはじめられた。これを「火入れ」と称し、酒を火入れ釜に入れ、直接加熱するのである。完全な殺菌法であったとはいえないが、かなりの程度まで腐敗を抑えることができるようになった。

下り酒の時代　奈良興福寺の塔頭においてはじまった近世の新しい技術は、日本各地に伝わり歓迎された。南都諸白とは高級酒の代名詞でもあり、江戸時代初期、秋田の佐竹家などは、はるばる奈良まで使いを出して高価な南都諸白を取り寄せた記録がある。

やがて近畿各地に銘醸地がいくつも誕生した。盆地である奈良から、交通の便がよく、消費地に近い堺、池田、伊丹《いたみ》などが江戸時代初期の銘醸地となった。

全国から米が集まる大坂市場に近く、すぐれた技術を有する関西でつくられた酒は、酒専用樽廻船《たるかいせん》に積まれて大消費都市江戸へ大量輸送されることになった。アジア諸国において、この時期このような酒の長距離、大量輸送が行われていた国はない。産業が未発達だった江戸周辺の農村だけでは、大量の需要をまかなうことは到底できなかったから、酒の大部分は関西からのいわゆる「下り酒」となった。その量は、多い年には四斗樽（一斗は約一八㍑）で年間一〇〇万樽以上にもなっていたのである。

元禄期まで隆盛をきわめた伊丹や池田の酒にかわって、灘《なだ》、西宮《にしのみや》の酒が江戸市場で大きな割合を占めるようになるのは、一八世紀後半になってからのことである。技術の面から伊丹酒と灘酒を比較すると、灘酒が優位に立つことができた要因がいくつかある。

酒づくりにとって、水の良否は品質を左右するきわめて重要な要因である。よく知られている「宮水」は、六甲山系から海に流れる地下水が西宮海岸に達する前に貝殻層を通過するので、ミネラル分に富む水になる。硬水は軟水より酒づくりに適しており、辛口で切れのよい酒をつくることができる。これは一八三〇年（天保元）頃に「桜正宗《さくらまさむね》」の山邑太左衛門《やまむらたざえもん》が発見したといわれる。一方軟水で酒を仕込むのはなかなかむずかしかった。

次は米の精白である。米をよく精白し、米ぬか中のタンパク質、脂肪などを除去し、でんぷんに富む心白《しんぱく》だけにしてやることで、淡麗な味の酒をつくることができる。またそれまでの「唐臼《からうす》」とよばれる足踏み式精米法にかわって、六甲山麓の急流に多数設置された水車による精米法で米の精白度を上げ、より淡麗な酒をつくることができるようになった。幕末になると、米と水の容積が同じ、俗に「十水《とみず》」の仕込みとよばれる製法によりアルコール濃度を低下させることなく、米を有効利用し、同一量の米からより多くの酒をつくることができるようになった。

先の火入れ殺菌に関しても、灘酒は火入れ法が巧みであり、腐敗は少なかったといわれる。

また地理的な面でも、小舟で猪名川《いながわ》を大阪湾まで下り、尼崎《あまがさき》で遠洋用の大きな船に荷物を積み替える必要があった内陸部の池田や伊丹にくらべ、直接外航船を酒蔵に横付けできる西宮や灘はきわめて有利だった。

「下り酒」が江戸の消費者の手に届くまでには、複雑な流通経路を経ていた。江戸時代初期は馬による陸上輸送であったが、一七世紀後半に入ると各種の貨物を混載する「菱垣廻船《ひがきかいせん》」（上甲板の菱型枠で積荷を囲うのでこの名がある）、さらに享保年間（一七一六―三六）以降は酒荷専用の樽廻船による海上輸送へとかわった。所要日数は、元禄年間（一六八八―一七〇四）は大坂―江戸間を平均三〇日も要したが、幕末になるとかなりスピードアップされ、平均一〇日間から二週間にまで短縮されたという。

酒は、造り酒屋→江戸酒問屋→酒仲買人→小売酒屋→消費者というルートで送られた。江戸の酒問屋には、摂津《せっつ》、和泉《いずみ》の二国を中心に東海地方からの酒も扱う「下り酒問屋」と、関八州の酒を扱う「地廻《じまわ》り酒問屋」があり、下り酒問屋は関西酒屋の江戸出店からはじまったものである。

一六九四年には酒問屋も「江戸十組問屋《えどとくみどいや》」に加わり、これは各種業界の同業者組合の連合体で、上方との海上輸送を取り仕切るものだった。下り酒問屋は、江戸の瀬戸物《せともの》町、茅場《かやば》町、呉服《ごふく》町などに合計一二〇軒あまりあったが、幕府のきびしい減醸令によって次第に減少していき、幕末には三〇軒あまりになってしまった。

江戸時代に入ると、酒の容器はそれまでの壺《つぼ》や甕《かめ》から木桶《きおけ》や樽にかわり、こわれにくく、安全に遠くまで輸送できるようになった。それは日本酒が古酒から新酒中心の飲み方へとかわるきっかけになった。

また酒樽は、奈良吉野の林業地においてほぼ規格化されたものがつくられていた。ふつう四斗樽には三斗五升の酒を入れる。江戸まで運ばれ使用された樽は、これを引き取る「樽買」という業者があり、酒屋から醬油《しょうゆ》屋へ、さらには漬物樽、店の腰掛、井戸枠、上水道管などに無駄なく再利用されていた。もちろんまだ貧しく、物資が乏しかったことも理由だが、今日から見てもすぐれた環境配慮型の社会であった。

江戸の酒文化　一八五三年（嘉永六）に成立した喜田川守貞《きたがわもりさだ》の『守貞謾稿《もりさだまんこう》』は、一八一〇年（文化七）大坂に生まれ、後に江戸へ移住した著者によって、江戸、京都、大坂の三都におけるさまざまな生活情報をおさめた本であり、挿絵は要点をよく押さえたものが多く、生活の実態がきわめて理解しやすい。

飲食物を店で売るようになったのは、一八世紀後半の明和年間（一七六四―七二）あたりからで、それ以前は単身赴任者の多い江戸の町では、外出すると食事のできる店が少なくて困ったものだという。今のファストフード店ともいうべき茶漬け屋、そば屋、居酒屋などができ、やがて天秤棒《てんびんぼう》で屋台をかつぐ屋台店が登場する。屋台にはこんにゃく、芋の煮込みに燗《かん》をつけた酒を売る「おでん燗酒売り」という商売や、春三月の「白酒《しろざけ》売り」、またアルコールを含まない「甘酒売り」もあった。江戸における居酒屋の誕生時期と発展については、最近飯野亮一による詳細な研究がある（飯野　二〇一四）。居酒屋とは、酒の小売店が客に立ち飲みで酒を飲ませたのがはじまりらしい。一方「煮売茶屋《にうりぢゃや》」とは、煮物などおかず、湯茶、酒などを提供する軽食店だった。居酒屋は宝暦年間（一七五一―六四）から普及したようで、両者が次第に一体化して「煮売居酒屋」となり、一八一一年にはこれが一八〇〇軒もあったという。居酒屋は江戸において増えたが、京都の資料ではあまり見かけない。

甘口で婦女子も飲める雛祭《ひなまつ》りの白酒も、江戸では鎌倉河岸の豊島屋のものが特に有名で人気を集めた。白酒は蒸米と麴を含んだ濁酒ではなく、石臼で醪《もろみ》を挽《ひ》きつぶし、どろりとした白い酒にする。戦国時代末頃に人気を集めた九州博多の「練り酒」はこの系統である。また京都にも「山川の白酒」があった。

酒の容器に関する『守貞謾稿』の記述も興味深い（図4）。いくつか挙げてみると、次のようなものがある。

角樽《つのだる》：牛の角のように取っ手が出ている小型の樽で、片手で運べる。上部は朱漆、下部は黒漆塗りで、きれいなものである。おめでたい結納《ゆいのう》の際に使われる。現在もプラスチック製のものがある。

指樽《さしだる》：守貞は、後世にはこうした器のあったことを知る人もなくなろう、ゆえに図で伝えると記している。戦国時代頃まで遊山《ゆさん》の折に酒をかついで運ぶのに用いた容器であるが、その頃すでに珍しくなっていたようだ。角形で、板を組み合わせてつくる指物《さしもの》の一種で、これも朱漆、黒漆で塗り分けた美しい樽である。

チロリ：日本酒の特徴の一つに燗をする、つまり温めて飲むことがある。古代の酒は、「燗鍋《かんなべ》」という鉄製の鍋で直接火にかけて加温してから「銚子《ちょうし》」という酒を注ぐ容器にうつしかえたが、これでは温度調節がうまくできず、酒が沸騰しかねない。そこで、湯の中に加温用容器をひたす間接加温法へとかわった。江戸時代になって登場したチロリは銅製の容器で、登場したのは徳利《とくり》よりも早かったようだ。時代劇の場面にはチロリと猪口《ちょこ》の組み合わせがよく出てくるが、金属製で早く燗ができるチロリは現在もアルミ製のものが居酒屋でよく使われている。

徳利：徳利と銚子は今では同じものを指すことがあって混乱するが、酒に燗をし、小さな猪口に酒を注ぐ陶磁器製の容器が徳利である。京坂では五合、一升入りの栗色、陶磁器製の貸徳利

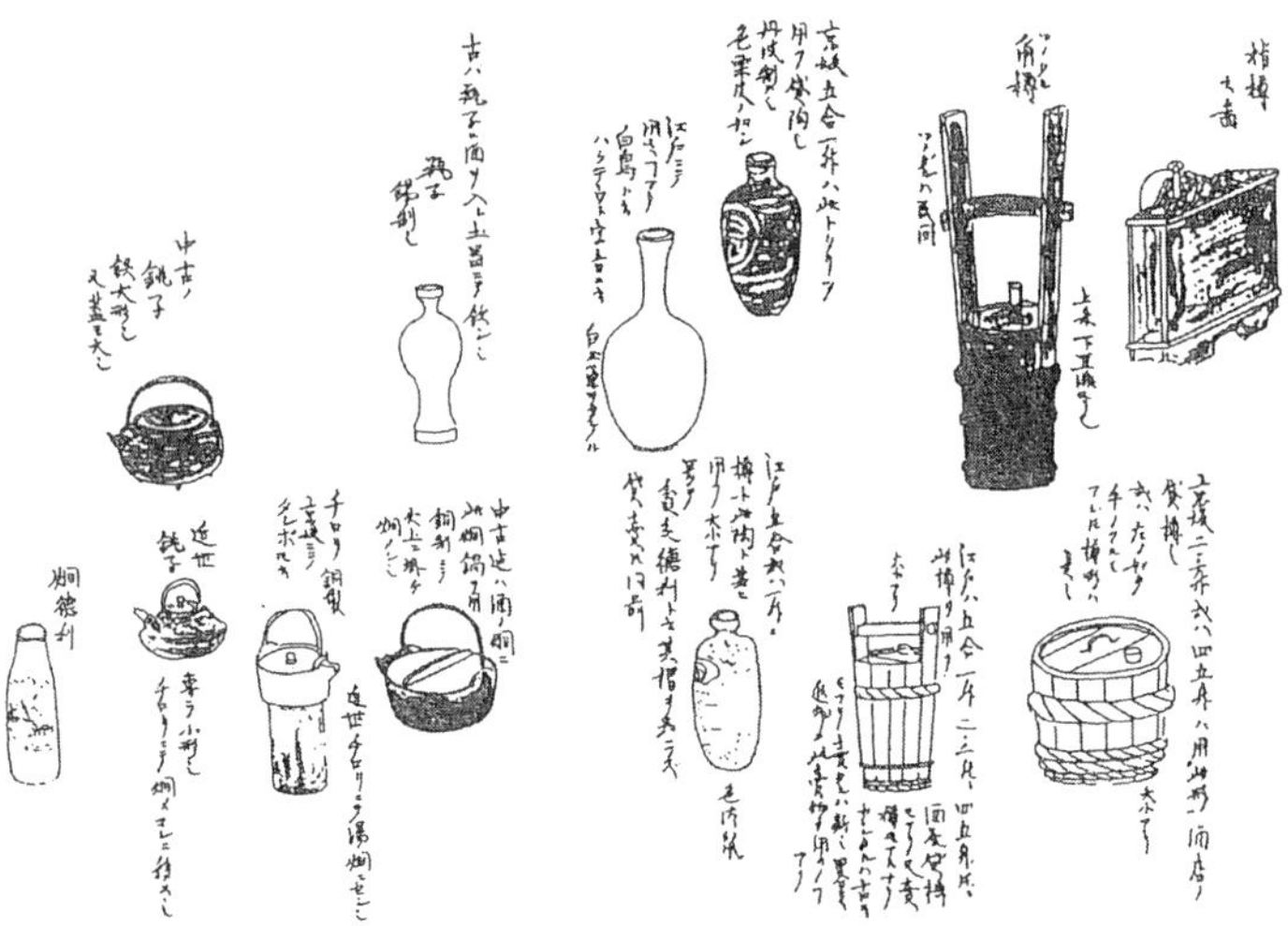

図4　銚子、徳利、樽など（喜田川守貞『守貞謾稿』より）

が、江戸では取っ手のついた樽か、色が薄いねずみ色のいわゆる「貧乏徳利」が使われた。今でいうレンタル容器であり、一升以下の少量購入する場合、酒屋で貸し出されたという。「貧乏」の由来は、徳利で少しずつ酒を買うような行為が貧乏くさい、あるいはこうしていると貧乏になってしまうからだ、の二説がある。

江戸の町遺跡発掘調査では、膨大な量の徳利が出土していて、江戸人の旺盛な飲みっぷりがうかがえる。

猪口：形が猪《いのしし》の口に似ていることからこの名前がある。戦国時代頃までの酒宴では、銚子というやかんに似た容器で酒に燗をしてから、大きな塗りの盃に酒を注いで順に回し飲みした。盃が一座に一巡することを「一献《いっこん》」といい、「今日の宴会では酒は何献まで回った」などと表現した。それ以降は「無礼講《ぶれいこう》」という。手間がかかることもあって、こうした作法は次第に崩れていき、やがては正式の宴会でも、徳利と猪口の組み合わせが普及した。

また幕末になると「ひとり手酌《てじゃく》」という語も見え、大勢で飲むスタイルから次第に一人飲みも出てくるようになった。

大酒会　人間は一体どれくらいまで酒を飲めるものだろうか。平和が長く続き、比較的豊かだった江戸の町では、毎日潤沢に清酒を飲める階級があり、こうした人たちの間でしばしば大酒会が催された。爛熟期とよばれた化政期の一八一五年（文化一二）、当時は江戸の町はずれ、千住《せんじゅ》の飛脚問屋「中六」こと中屋《なかや》六右衛門《ろくえもん》還暦祝いの催しとして「千住の大酒会」が開かれた。文化人である儒学者亀田《かめだ》鵬斎《ほうさい》、画家酒井《さかい》抱一《ほういつ》、谷文晁《たにぶんちょう》らが招かれた。その記録は狂歌師大田《おおた》南畝《なんぽ》が後に「後水鳥記《ごすいちょうき》」としてまとめており、有名な酒合戦である。

参加者にはまず各々の酒量を尋ね、切手を渡して休み所に入れ、案内して酒戦の席につかせた。白木の台に大盃をのせて出すのだが、一番小さな盃でも五合入り、以下順に三升入りまであった。酒は伊丹酒、肴《さかな》はからすみ、花塩、さざれ梅、鯉《こい》の羹《あつもの》などだった。

新吉原《しんよしわら》中の町に住む伊勢屋《いせや》言慶は六二歳だったが、三升五合を飲んで座を退き、一睡して家に帰った。また馬喰《ばくろう》町に住む齢四〇余の大坂屋長兵衛も四升あまり飲み、近くで酔い臥したが、翌朝辰の刻に起き、また一升五合を傾けて二日酔いを解き、昨日の人々に一礼して家に帰ったという。酌をする女たちも五合や七合程度の飲酒は平気だった。

古くは平安時代に亭子院《ていじいん》の大酒飲み会というのがあり、参加者はわずか六人、しかも皆酩酊してひどい有様になったというが、江戸後期の酒飲みたちはけろりとしている。生活が豊かになって、ふだんから清酒で大酒を飲める環境であったからだろうか。

関東酒の苦闘―「御免関東上酒」 江戸時代の酒造業は基本的に「西高東低型」であった。江戸市場においては伊丹、池田、西宮、灘など関西の酒が大半を占め、「地廻り」、つまり江戸とその近郊でつくられる酒は少なかった。もともと生活必需品の供給が十分でなかった地域に急に世界有数の大都市が出現したのであるから、無理もないところがあった。

今の貿易赤字問題ではないが、下り酒が大量に流入することで江戸の富は一方的に関西へ流れてしまうことになる、これを是正しなければならないという考えが生じてきた。寛政改革を主導した老中松平定信《まつだいらさだのぶ》がその中心的役割を演じた。

関東地方の酒造業振興をはかった幕府は、一七九〇年（寛政二）に武蔵《むさし》、下総《しもうさ》国の酒屋たちに米を貸与し、上製諸白酒三万樽、酒にして約一万石の醸造を命じたのである。この酒を「御免関東上酒《ごめんかんとうじょうしゅ》」と称した。江戸の霊岸島《れいがんじま》、茅場町、神田川あたりに直接販売を行う販売所を設け、酒問屋を経由せずに直接小売販売を行わせた。

この企てに参加した酒屋の分布を見ると、江戸への酒の輸送に便利な利根《とね》川、荒川、江戸川など大河川の流域か、東海道、甲州街道、水戸街道沿いにあり、幕府の直轄地か旗本の知行地《ちぎょうち》にあった。幕府において酒造の許認可にあたっていたのは勘定奉行《かんじょうぶぎょう》だった。

規模はどのくらいだったのだろうか。当初は一一軒の酒屋で酒およそ一万五〇〇石程度、当時江戸に入津していた下り酒のわずか五％程度にすぎない。「極上酒」の他、関西の酒にならった「剣菱造《けんびしづくり》」「極上酒」、「満願寺造《まんがんじづくり》」などもつくった。

「剣菱」は伊丹、「満願寺」は池田の酒である。値段は二〇樽で一三〜一六両と下り酒よりやや安く設定した。

関東地方において酒づくりをはじめたのは、農村の地主層、中山道《なかせんどう》沿いに進出してきた近江《おうみ》商人、また越後《えちご》から出稼ぎにきてその後関東に定住した農民などであった。このうち、地主酒屋は明治以降、次第に消えていった。

「御免関東上酒」にはその後新たに何軒かの酒屋が参加したが、いずれも規模は小さい。このもくろみは結局失敗に終わった。原因はいろいろあるのだが、まず酒づくり技術がきびしい競争できたえられた下り酒には及ばなかったこと、また急激な規模拡大で生産が追いつかず、下請けに委託をしたため、酒の品質管理がおろそかになったこと、生産コストが予想以上に上昇したこと、直接販売のため有力な問屋をもたなかったこと、などが挙げられる。

当初は江戸の庶民も、安くてうまい酒が飲めると期待したようだが、酒の評判は散々であり、駄目な酒との烙印がおされてしまった。まだまだ関東酒の技術は遅れていたが、これを契機に品質向上がはじまったこともまた事実である。

濁酒酒屋　清酒以外にも、古代以来の濁酒《だくしゅ》、つまり濁り酒の系譜も無視できないものがある。公の文献資料からだけでは実態がなかなかはっきりしないが、酒屋がつくる高価な清酒など買うことができなかった農民は、手近な米を使用して、米が十分収穫できない土地では粟《あわ》や稗《ひえ》など雑穀も使用して濁酒をつくった。

むら分限《ぶげん》すみさけばかり飲んでいる

江戸時代のこの川柳は、濁酒ではなく清酒を飲める村の分限者（金持ち）に対する農民のやっかみである。

古来、酒に税金はつきものである。主食の米が酒の原料でもあるのは日本酒の宿命であるが、問題が多かった。江戸時代、元禄、天明、天保期など凶作、飢饉《ききん》の年には、酒づくりは「何分の一づくり」という言葉が示すように、酒株《さけかぶ》石高の何分の一以下までときびしく制限された。一方、豊作の続いた時期には、逆に酒株を所有しない者でも大いに酒づくりが奨励されたのである。

文化文政期はおおむね豊作が続き、関東の農村では「清酒酒屋」ならぬ「濁酒酒屋」というものがたくさんできた。また東北の八戸《はちのへ》藩領などでは、冬期漁民が暖をとるために酒は必需品であるという理由で、すでに元禄期から多くの濁酒酒屋が存在していた。濁酒酒屋というのは清酒酒屋に比べきわめて小規模であり、また長持ちしないという濁酒の性質から酒屋の近くで消費されていたが、その実態はなかなか分かりにくい。濁酒用に消費される米の量が清酒のそれに迫る時期もあった。納める税金の額も地方によって異なっていたようだが、農民にしてみれば、安くて手軽に飲める濁酒はありがたい存在だった。その他、農民が自分の米でつくって飲む「自醸自飲」酒に関する資料も乏しいが、おおむね黙認されていたようである。

濁酒は砕いた米や粉米を使用し、また「段掛け」も行わない小規模なものであるから、小さな桶があればよく、また醪を搾る「酒船《さかぶね》」とよばれる圧搾器や、火入れ殺菌用の「火入れ釜」も不要だった。地方では麴屋が濁酒酒屋を兼ねることが多かったので、醬油や味噌《みそ》用の麴を酒に流用しないようにと、取り締まりはきびしかった。

明治維新後も濁酒酒屋は存続した。明治政府の政策は当初は税金を納めれば自家用酒の醸造も認めるものであったが、次第に規制がきびしくなっていった。富国強兵政策を進めるためには安定的な税収源が必要であり、他にこれといった産業、税源もなかった明治初期の日本では、酒税は地租とならぶ重要な税収源だった。酒造業を育成して税金を徴収することが国の政策となったのである。酒税法は何回かの改訂を経て、一八九九年(明治三二)にとうとう自家用酒の醸造は全面禁止となり、それ以後は個人が酒をつくることは酒税法違反、「密造」という犯罪になったのである。

これまで濁酒をつくってきた農民にしてみれば、他に娯楽も少ない農村で、自分がつくった米を酒にして飲むのがなぜ悪いのか、というのが素朴な疑問だったろう。税務署は密造をきびしく取り締まったが、東北地方の農村では、彼らの消極的抵抗はなかなかやまず、それは高度成長期まで続くのである。

4　近現代の酒の新展開

明治以降の清酒改良　前述のように、政府が酒税を徴収するためには酒の品質を向上させ、優良な酒屋を保護育成する必要があった。

微生物の働きによってできる酒づくりは、細心の注意を払う必要がある。それでも造り酒屋というのはまだきわめて危険な商売と見なされていた。技術の課題は、酒づくりの際に発酵がうまく進まない「腐造」と、できた清酒が貯蔵中に変敗してしまう「腐敗」にあった。江戸時代から酒づくりの方法を述べた酒造技術書というものがあったが、農業技術書とちがって広く読まれるものではなく、あくまで秘伝に属するものだった。

こうした状況を何とか打開しようと、明治一〇年代後半から全国各地で「酒造改良運動」がはじまった。その担い手は主に地方の若い醸造家であり、目的は灘酒《なだざけ》に劣らぬ品質の追求、また農民のつくる自家用酒を排除して酒屋の酒を買わせることだった。当時まだ認められていた自家用酒は、造り酒屋にとって大きな脅威であったから、彼らは政府にその規制を求めた。

技術面では、温度計や顕微鏡の使用、火入れ法の改良、サリチル酸の添加などが行われた。やがて軟水地帯である広島県や秋田県においても、軟水に適した酒の「低温づくり」がはじまり、明治時代後半になると、関西と大きな格差があった地方産地の酒も品質がいちじるしく向上してきた（吉田二〇一三）。

市販清酒の品質向上、酒造業の安定化、税収源としての酒税の涵養を目的として一九〇四年（明治三七）に創設された大蔵省醸造試験所が業界の発展に寄与したところはきわめて大きい。明治以降の日本酒づくりは、国家主導型となったが、現代とちがって酒税が国家歳入に占める比率は全歳入の四分の一あまりときわめて高く、酒造業は重要な産業であったからである。

醸造試験所の所員によって造り酒屋の指導、講習会の開催などが行われ、なかでも嘉儀《かぎ》金一郎《きんいちろう》による「山卸廃止酛《やまおろしはいしもと》」と、江田《えだ》鎌治郎《かまじろう》による「速醸酛《そくじょうもと》」の発明は画期的なものであった。酒づくりはアルコール発酵を行う酵母を安定的に増殖させる「酛づくり」がむずかしい。従来は「生酛《きもと》づくり」で、「山卸」とよばれる工程があった。これはまず乳酸菌を増殖させ、乳酸酸性として、安定な条件下でゆっくり酵母の増殖をはかるものだが、多数の桶《おけ》を必要とする上に手間がかかり、失敗も多かった。そこで行われたのは、この工程を廃止し、麹《こうじ》が持つ酵素を水で抽出する山卸廃止酛（山廃酛）、あるいは最初から市販乳酸を加えて酵母の増殖しやすい条件をつくる速醸酛である。特に速醸酛の発明は日本酒づくりを大きくかえ、確実に、早く酛をつくれるようになった。醸造試験所による熱心な指導もあって、昭和のはじめ頃になると、酛づくりはほとんど生酛から速醸酛へとかわった。また酒の腐敗問題も、「蛇管式火入れ機」による連続火入れと、サリチル酸添加の併用によって、火落ち（貯蔵中の腐敗）を根絶することができた。

こうした官主導による新技術の導入がもたらしたものは大きかった。明治末頃から、関西以外の広島、秋田など地方酒が清酒鑑評会で連続受賞し、新たな銘醸地が誕生した。

ハワイ、植民地の台湾など、日本人が多く住む地域でも日本酒をつくって飲みたいとの要望に応えて、明治の末頃から冷房設備を施した酒蔵において「四季醸造」が試みられた。多くの困難を克服して、現在ではほぼ一年中同じ条件下で酒をつくれるまでになっている。

戦中、戦後の原料不足、酒不足時代を経て、一九六〇年代の高度成長期に入ると、日本酒の世界では大手メーカーによる寡占化が進んだ。小さな酒蔵は廃業するか、「桶買い」と称して大手の下請けになって酒をつくらざるを得なくなり、それは「日本酒はどれを飲んでも同じだ」との味の画一化も招いたのである。

しかし現在では吟醸酒《ぎんじょうしゅ》の誕生、また各地の酒米を生かした個性ある地酒がふえつつあり、和食ブームのおかげで海外輸出もふえてきた。さまざまな酒を安く味わえる我々は、まことに恵まれた時代に暮らしているといえる。

ビール・焼酎・ワイン　日本で酒といえば、かつては日本酒を指していたが、最近は醸造酒ではビールや発泡酒、蒸留酒では焼酎《しょうちゅう》の消費が増えつつあり、消費量も逆転して日本酒が「国酒」だとはもはやいえなくなった。

日本酒以外の酒についても少し触れておくと、ビールは幕末の化学者川本幸民《かわもとこうみん》によって最初に紹介されたといわれる。その苦味が敬遠されて、日本ではなかなか普及しなかったが、明治初年横浜においてコープランドが製造したのが最初であろう。多くの中小メーカーがビール醸造に参入した。明治二〇年代までは簡単な設備でできる英国式の「上面発酵ビール」と、大規模な冷蔵設備を必要とするドイツ式の「下面発酵ビール」がつくられたが、次第に大手メーカーによる下面発酵ビールへと収斂し、寡占化が進んだ。ビールはまず軍隊において飲まれはじめ、次第に大都会の中流サラリーマンなどに受け入れられていった。

日本独自の「発泡酒」は、ビールにかかる酒税が他国に比べいちじるしく高いため、苦肉の策としてビール風味の酒を開発して酒税を安くしたものだが、ビールにとって健全な発展とはいえないだろう。最近になってようやくビールと発泡酒の酒税を統一しようという動きが出てきた。

蒸留酒である焼酎は、一六世紀半ば頃から主に九州においてつくりはじめられたといわれる。蒸留酒をつくるためには蒸留器が必要であり、もともとアラビア人が発明したものが、明《みん》や琉球《りゅうきゅう》を経由してまず九州に入ったと思われる。アルコール度数の高い焼酎は日本酒のように腐敗しないから、長期間保存がきき、また熟成された古酒を味わう文化もある。

日本酒醪《もろみ》を搾った後に得られる酒粕《さけかす》を蒸留してつくる「粕取焼酎《かすとり》」は、米が原料であり、副産物として清酒酒屋で小規模でつくられていた。また焼酎は米以外に大麦、サツマイモ、黒糖、ジャガイモなど多種多様な原料を使用してつくることができるのも利点だから、サツマイモや黒糖の生産が盛んな地方を中心に発達した。

かつての焼酎は安くて早く酔える酒だった。大都会では「車夫馬丁の飲む酒」などと蔑まれ、癖の強い酒だったが、最近では「減圧蒸留」など新技術の導入によって、香りも味もよく、飲みやすい酒になって普及が進んだ。

料理が醬油《しょうゆ》味の多い日本では、食中酒としての酸っぱい本格的ワインはなかなか普及せず、先人たちは苦労した。明治以降まず滋養強壮を売り物にした「甘味葡萄酒《かんみぶどうしゅ》」がつくられはじめ、近年になって食事の洋風化が進み、国産ワインもめざましく水準が向上してきた。

日本の酒類も、その土地で収穫された米やブドウを原料につくって消費する本当の「地産地消」の時代へと変化してきたのはうれしいことである。

参考文献

飯野亮一　二〇一四年『居酒屋の誕生』ちくま学芸文庫
坂口謹一郎　一九六四年『日本の酒』岩波新書
柚木　学　一九八七年『酒造りの歴史』雄山閣出版
吉田　元　二〇一三年『近代日本の酒づくり―美酒探求の技術史―』岩波書店
二〇一五年『ものと人間の文化史　酒』法政大学出版局

酢と味醂
——酒から調味料へ——

石垣　悟

1　新旧二つの調味料

酢と味醂《みりん》は、ともに前章で取り上げた酒の醸造技術を応用して本格醸造が始まった。いわゆる「日本料理」の味がこの二つの発酵調味料によるところが大きいのはもちろんのこと、今日の私たちの食生活にとっても両者は欠かせない調味料となっている。

酢は、「塩梅《あんばい》」の語に象徴されるように、塩と並ぶ基本調味料として古くから用いられてきた。これに対して味醂は、蒸留酒の醸造をもとに室町末期に生まれ江戸期にその地位を確固たるものとした。極めて古い調味料・酢と比較的新しい調味料・味醂。ここでは酒と深く関わる、この新旧の調味料の歴史と文化を確認したい。

2　酢の歴史と文化

酢の起源と酒　人類最古の発酵食材は、アルコール飲料、すなわち酒とされる。この酒に酢酸菌が作用して酸味を帯びると酢となる。酢は酒の醸造過程で半ば自然発生的に生まれたと考えられる。その意味で酒の始まりは酢の始まりともいえ、酢は人類最古の発酵調味料といえる。酢は酒を造る地域ならどこでも存する。例えばヨーロッパには世界最古の酒、ワインから造られたワインビネガー（果実酢）やビールから造られたモルトビネガー（麦芽酢）がある。いずれも醸造酒に酢酸菌を作用させる。こうした酒と酢の抜き差しならぬ関係を物語るのが、俳人小林一茶《こばやしいっさ》の「酒は酢に草は蛍と成にけり」という句であろう。酢は酒の自然変化したものという感覚があった。一六九七年（元禄一〇）刊行の『本朝食鑑《ほんちょうしょっかん》』にも各家で酢が造られているとあり、自家製の濁酒《どぶろく》を酸敗させて酢を造っていたことがうかがえる。

その『本朝食鑑』には、酢は応神《おうじん》天皇の代に中国から伝えられたとも記されるが、酢＝酸敗した酒とすれば、酒の醸造過程で自然発生的に生じたとみるのが妥当であろう。七一八年（養老二）に成立した養老令《ようろうりょう》には、宮中の食を司る官職の一つ、造酒司が酒とともに酢も造っていたとあり、『正倉院《しょうそういん》文書《もんじょ》』「伊豆国正税帳《いずのくにしょうぜいちょう》」（七三九年〈天平一一〉）にも塩、醤《ひしお》、未醤《みそ》などと並んで酢が記され、駿河《するが》、伊《い》豆《ず》、豊後《ぶんご》などで造られていたとされる。平城京跡や藤原京跡から出土した木簡にも酢の文字があり、奈良時代には酢が税として納められていたことがわかる。平安・鎌倉期の料理を記した『厨事類記《ちゅうじるいき》』でも、塩、煎酒《いりざけ》、醬と並んで酢が卓上調味料に数えられており、この頃の上流階級の食膳には酢が用いられていた。

江戸期の『料理塩梅集《りょうりあんばいしゅう》』（一六六八年〈寛文八〉）の序文には「抑《そもそも》塩梅をよくする事は、第一味噌《みそ》、塩、酢、酒、醬油《しょうゆ》是等の味悪ければ、いかに上手なりといふ共、塩梅ならざる物也」とあり、さらに『新撰庖丁梯《しんせんほうちょうのかけはし》』（一八〇三年〈享和三〉）でも「醬油、酢、味噌、この三品最もえらふへき第一也」とあって、酢は一貫して重要な調味料であった。

米酢とその産地　当時の酢は米酢が主であった。米酢は、蒸した米に麴《こうじ》と水を加えて甕《かめ》に入れ、密閉して一年ほど発酵させた後にこれを搾ったものである。今日私たちの慣れ親しむ酢も米を主原料に醸造した穀物酢である。

室町後期の『七十一番職人歌合《しちじゅういちばんしょくにんうたあわせ》』の醸造職には酒造とともに酢造もみられ、この頃には酢の産地があったことがわかる。当時の酢の産地の代表は和泉国《いずみ》（現大阪府南部）で、製品は和泉酢と呼ばれた。和泉酢は、南北朝期に成立したとされる『庭訓往来《ていきんおうらい》』に京都に集まる諸国名物の一つとしてあげられ、江戸初期には幕府への献上品となり、『本朝食鑑』でも「昔から和泉酢を上としている」とあってその名声を揺るぎないものとしていた。

江戸期に入る頃にはさらに産地が増え、相模《さがみ》の中原《なかはら》酢、駿河の善徳寺《ぜんとくじ》酢、尾張清洲《おわりきよす》の清酢、山城《やましろ》の伏見《ふしみ》酢、摂津《せっつ》の北風酢、紀伊《きい》の粉河《こかわ》酢などはよく知られた。例えば中原酢は、「成瀬《なるせ》酢」「御所《ごしょ》酢」とも呼ばれ、その地の代官、成瀬《なるせ》五郎左衛門《ごろうざえもん》が製法をもたらし、徳川家康にも献上された酢として知られる。また、善徳寺酢も一六六九年（寛文九）刊『江戸往来』に駿河名物としてあげられて徳川家康も賞味したと伝えられる。尾張清洲の清酢は、今日のマルカン酢の前身で、一六四九年（慶安二）に岡田《おかだ》半左衛門《はんざえもん》泰次《やすつぐ》が醸造を始めたといわれ、山城の伏見酢も山城の風土を記した一六八六年（貞享三）刊『雍州府志《ようしゅうふし》』で醤油とともに盛んに造られていたと記される。

図1　福山の黒酢（鹿児島県）

　これらの米酢のうちで製法上、特殊な位置にあるのが、鹿児島県姶良《あいら》郡福山町で造られてきた福山《ふくやま》酢である。起源ははっきりしないが、文政年間（一八一八—三〇）には竹之《たけの》下松兵衛《したまつべえ》なる人物が造っていたとされる。製法は、蒸した玄米と麹と水を薩摩《さつま》焼《やき》の甕《かめ》に入れ、日当たりのよい場所に並べるだけである。一〇日ほどで日光の熱を吸収した甕の中で蒸米の糖化が進み、一か月ほどでアルコール発酵が始まり、さらに五か月ほどすると酢酸発酵が起こってやがて酢となる。甕に住みつく天然の酢酸菌を利用して三段階の発酵を行うのである。色合いが黒ずんでいるため黒酢とも呼ばれ、主に薬用に飲まれた。

さまざまな酢　古くから米酢以外にもさまざまな酢があった。果実酢では、塩漬けした梅から生成された梅酢が古代より調味料として使われ、柿の産地である奈良には柿酢もあった。また、醸造酢ではないが、柑橘類の酸味ある果汁もあった。ユズ、ダイダイ、カボス、スダチなどの果汁は天然の「酢」といえ、大分のカボス、徳島のスダチ、埼玉や高知のユズなどは今日もよく知られている。アイヌでは煮つめたヤマブドウやイタドリの酸味を利用した。

米酢の中にも、酒を加えた酒酢《さかず》が平安期より使われていたほか、『本朝食鑑』には夏の土用に玄米を使って仕込む速成酢、減ったら酒を補えばいつまでも造り続けられる酒酢の一種「万年酢」などが紹介されている。

また、室町期の一四八九年（長享三）頃に成立した『四条流庖丁書《しじょうりゅうほうちょうしょ》』には、刺身に合う酢について魚種ごとの使い分けが記され、山葵《わさび》酢、生姜《しょうが》酢、蓼《たで》酢、実芥子《からし》酢、ぬた酢などが登場する。これらは米酢にさまざまな香辛料を合わせて味覚的向上を図った合わせ酢である。江戸期になると合わせ酢の種類はさらに増え、江戸後期の一八〇一年（享和三）―二二年（文政五）刊『料理早指南《りょうりはやしなん》』には「酢の物の部、加減の事」として「煮かへし酢」「生酢」「合酢」「三ばい酢」「七はい酢」「白酢」「青酢」

「黒酢」「蓼酢」「砂糖酢」などがあげられる。今日でも酢と醬油と砂糖（または味醂）を二対一対一で合わせた三杯酢、三杯酢に鰹節《かつおぶし》を加えた土佐《とさ》酢、酢と醬油を一対一で合わせた二杯酢などはよく用いられる。合わせ酢は、酢と他の調味料との相性の良さを最大限に活かすことで、まろやかな味を生み出して旨味を引き出すことができるため、味の広がりをもたらした。一口に酸味といってもさまざまな「酸味」があり、それが日本人の嗜好する細やかな味を生み出してきたのである。なお、奄美《あまみ》や沖縄にはサトウキビの搾り汁を熟成したキビ酢、サツマイモの煮汁を発酵させたアッコン酢などがあり、酸っぱさの中にまろやかな甘みのある独特の味を有する。こうした広がりの中で江戸期には庶民の間にも酢の物が徐々に普及した。東北地方には古い酢徳利《すどくり》がよく残っており、その銘から西日本で造られた酢が北前船《きたまえせん》を介して運ばれたことがわかる。本書「乾物とだし」で触れる昆布が列島を南下したのと対照的である。

粕酢と鮨　そうしたなかで江戸中期、酢に革命的な出来事が起こる。酒粕《さけかす》を原料とした粕酢《かすず》の登場である。粕酢の普及を考えるとき避けて通れないのが鮨《すし》との関係である。鮨は本シリーズ第4巻『魚と肉』で詳しく扱うが、大まかには魚の保存のため米と塩を用いて発酵させたナレズシがまずあり、やがて保存よりも米を捨てずに食すため、そして酸味の嗜好も強くなり、室町後期には発酵途中で食するナマナレを生み、漬け込んだ米も粒のまま食すようになった。酸味を嗜好し米粒も食す点は江戸期にさらに洗練される。『料理塩梅集』の「鮎鮨漬方《あゆずしつけかた》」には、ナマナレに関して、三日ほど漬けて食べる場合は酒と酢を入れ、五日ほどおく場合は酢を入れないとあり、酢の酸味が発酵の酸味と同列に扱われていることがうかがえる。そして元禄年間（一六八八―一七〇四）早鮨《はやずし》が生まれる。早鮨には、関西にみられた箱鮨《はこずし》（押し鮨、バッテラ）、箱鮨から派生したちらし鮨（ばら鮨）、江戸で普及した握り鮨があり、いずれも酢を用いた酢飯を用いた。ここに至って酢の需要は急速に拡大し、それに応えたのが粕酢であった。粕酢は、米酢に比べて安価なうえ、独特の甘みと香りが酢飯に合った。鮨の変革は人々が酸味を嗜好した結果ともいえ、粕酢はそこで重要な役割を演じ、いわゆる「日本の鮨」を生んだのである。

なお、今日酢飯に用いる酢は米酢に砂糖を若干加えた合わせ酢である。砂糖が高価であった江戸期は、独特の旨味があって砂糖を要しない粕酢を用いたが、明治以降、特に戦後、粕酢を用いた酢飯がほんのりと赤みを帯びるため、真っ白な酢飯とするためにこの合わせ酢を用いるようになった。

粕酢の造り方をみると、まず清酒の酒粕を三年ほど熟成させる。できた古粕を水に溶かして定期的に撹拌しながら一週間ほどおいて醪《もろみ》を造る。次に醪を圧搾して酢粕を取り除く。残った液が酢酛《すもと》で、半分は煮沸し、半分はそのままにして合わせ、それに種酢を加えて発酵を促す。三か月ほどすると酢酸菌による発酵が進んで味にコクとまるみがでてくる。最後にこれを濾過して粕酢が完成する。

粕酢は、愛知県半田市の中野《なかの》又左衛門《またざえもん》家（以下「中野家」という）が文化年間（一八〇四―一八）より造り始め、製品は握り鮨の酢飯に用いるため江戸へ出荷された。一八五三年（嘉永六）に成立した『守《もり》貞謾稿《さだまんこう》』に「江戸にては尾の名古屋㔟の印の製を専用す」とあり、尾張国中野家の㔟の樽印《たるじるし》は江戸の酢の象徴であった。

中野家はもともと酒造を営んだが、上方の灘《なだ》や伏見の後塵を拝していた。そうした中、一八〇六年(文化三)に酒の勝手《かって》造《づく》り令《れい》で酒造制限が完全撤廃されると下り酒が急増し、さらなる窮地に立たされた。生き残りをかけ酒の醸造技術を応用して始めたのが粕酢醸造であり、それが江戸の握り鮨の普及と合ったのである。

中野家が酒粕に目を付けたのには理由があった。酒を搾った後の酒粕は、奈良漬などの粕漬に用いられる程度で、多くは肥料とされたが、その質もあまり良くなかった。中野家では自家の酒造ででた酒粕を有効利用して酢の原価を安くした。加えて粕酢醸造後の酢粕は肥料としての質も向上した。粕酢醸造は、安価な酢と良質な肥料を同時生産できたのである。

中野家の造った粕酢には「山吹」「三ツ判」「中野」「富貴」などの銘柄があった。中でも飯に混ぜると山吹色になることから命名された「山吹」は、まろやかな味をもち、江戸向け、すなわち握り鮨専用の粕酢で、一八七七年(明治一〇)の第一回内国勧業博覧会でも有功賞牌一等を受賞している。中野家は今日、社名をミツカンとし、酢の国内醸造量の七〇%あまりを生産している。

酢の広がり—近代以降の酢　明治以降、米酢や粕酢に加え、さまざまな果実酢も生まれた。アルコール発酵させたリンゴ果汁に酢酸菌を加えたリンゴ酢をはじめ、ブドウ酢、ザクロ酢などが登場し、近年では健康飲料としても人気を博している。

味の幅を広げてきた合わせ酢も大きな展開をみせる。先に触れたように、酢は、他の調味料との相性が良く、味に独特の深みをもたせ、消毒殺菌作用を高めることができた。戦後生まれた和風ドレッシングもその一つである。欧米より幕末にもたらされたサラダにはコールスローのようなドレッシングだけでなく、和風ドレッシングも用いられた。それは「和風」の語が示すように、日本人の嗜好してきた酢の酸味を基調とした独特の合わせ酢であった。また一九六四年（昭和三九）にはミツカンが酢に柑橘類の果汁を加えたぽん酢を発売し、その後も超酢作戦と称する経営戦略の中でさまざまな合わせ酢を生みだしている。

また、戦後、化学的に合成された酢酸を原料とした合成酢も登場して一時的に広まったが、一九七〇年代以降、健康志向や減塩対策から忌避されるようになり、現在はほとんどみられなくなっている。

なお、類似の流れとして触れておきたいのはソースである。野菜や果実の汁に砂糖や酢などを混ぜてねかせた調味料で、一八九二年（明治二五）に神戸の安井敬七郎が発売した阪神ソースを嚆矢とする。当初はウスターのみであったが、一九四九年に同じ神戸のオリバーソースが「とんかつソース」の名で濃厚ソースを発売すると、トンカツやコロッケに合い、甘みもあって子供に人気を博した。また皮にしみこまず、青のりや削り節をうまく固着できたため、たこ焼きやお好み焼きのソースとしても重宝された。現在もソースメーカーの多い関西には、お好み焼き用、たこ焼き用、焼きそば用、串カツ用といった多様なソースがあり、てんぷらやカレーにもソースを用いる独自のソース文化が根付いている。

酢の調理と効能　酢には、防臭やぬめり防止などの効果があるほか、冷蔵が未発達の時代は、塩と並んで消毒殺菌と防腐にも重宝された。その代表が酢漬であろう。酢漬は平安期にはみられたとされ、瓜《うり》、茄子《なす》、蕪《かぶ》などが酢漬にされた。また、干し大根を刻んで三杯酢に漬けたハリハリ漬は、長崎から熊本にかけてみられる典型的な酢漬である。

酢は、日本人の生食への嗜好とも深く関係する。日本では食材に火を通して食するだけでなく、生で食することもあった。その代表が膾《なます》である。膾は、生の蔬菜《そさい》や果物を酢で和えた、いわば「生酢」で、室町期には魚や鳥の生肉の切り身を酢に浸した膾もあった。そこでは生の食材の消毒殺菌と防腐が第一に期待されたが、同時に味を引き立てる効果もあった点は見逃せない。

膾は日常食のみならず儀礼食にも用いられた。特に神人共食《しんじんきょうしょく》の際は生ものを安全かつおいしく食せる膾は重宝された。正月や節供《せっく》などの年中行事で大根や人参《にんじん》の膾が食されることは多い。北関東では、二月初午に赤飯とともに藁苞《わらづと》に入れたシモツカレを稲荷《いなり》神に供える習俗がある。シモツカレは大根おろしに油揚げ、節分の大豆、正月の荒巻鮭《あらまきざけ》の頭を混ぜて三杯酢で和《あ》えたもので、行事で供えて食するほか、日が経つと大豆が柔らかくなり味もおいしくなるため、保存できる三月頃まで適宜食された。

また、真宗寺院の多い北陸では、収穫後に住職や親類縁者を招いて報恩講《ほうおんこう》が行われ、自家の畑で採れた野菜を御馳走《ごちそう》するのに酢が重宝された。例えば、大根と人参を千切りして塩揉みして酢と砂糖で味をつけたもの、赤蕪を千切りして酢で和えたもの、里芋の茎を茹でてから砂糖と酢で味をつけたもの、ミョウガの甘酢漬、赤蕪を塩と酢で数日漬け込んだものなどである。なお、酢をそのまま神饌《しんせん》とする例は今日では稀だが、江戸期の「内侍所神供図《ないしどころじんぐず》」には塩、醬、酒と並んで酢も供えているとある。

また、江戸期には旬の魚を生で食べようともするようになった。締め鯖《しさば》はその典型である。生鯖を酢で締めることで腐敗や食中毒を防ぎ、独特の風味を生み出した。この延長にあるのが握り鮨のネタである。もともと江戸の握り鮨のネタは、ほとんどが酢で消毒殺菌・防腐された。コハダ、アジ、サバなどは酢で締め、サヨリとキスは塩締めしてからさらに酢でも締めた。クルマエビも茹でてから酢で締め、握る直前にも三杯酢に浸したし、アカガイやミルガイも二杯酢にくぐらせた。酢はシャリに酸味を加味するだけでなく、ネタを生食するためにも不可欠であった。握り鮨は、明治期までは酢で下ごしらえするのが江戸前で、明治末期に氷冷蔵庫が登場して次第に刺身で提供するようになったのである。なお、ガリも、酢と砂糖（または味醂）を調合した合わせ酢に生姜を漬けたもので、手拭きとして江戸前の握り鮨にとって欠かせないものであった。

消毒殺菌効果の究極は薬である。酢の薬効は一七一二年（正徳二）序『和漢三才図会《わかんさんさいずえ》』に「醋《す》　一切の魚肉菜の毒を殺す」とあって早くから注目されてきた。また、出産時に産室で酢を温めると妊婦の血を増す効果がある、酢を入れた水を飲ませると胎盤がでる、妊婦が気絶した時は炭火で焼いた石を酢に入れてその匂いを嗅がせるとよいなどともいわれ、酢の薬効が重視された。こうした酢の薬効が最も直接的に期待されているのは現代かもしれない。先駆は福山酢であろうが、今日、酢は飲み物として、すなわち健康飲料やダイエット飲料としてスーパーやドラッグストアなどで盛んに売られている。

3 味醂の歴史と文化

味醂の起源　味醂《みりん》は、酢と同様に酒の醸造を応用して造られる。すなわち、焼酎《しょうちゅう》などの蒸留酒に粳米《うるちまい》の米麴《こめこうじ》と蒸した糯米《もちごめ》を加え、三〇度前後に温度を保ちながら定期的に攪拌して二か月ほど仕込む。そして糖化・熟成した醪《もろみ》を圧搾して粕《かす》を分離し、さらに濾過して不純物を取り除くと琥珀色の液体が残る。これが味醂である。その後貯蔵される間にまろやかな味になる。原料に糯米と米麴のほか、蒸留酒を用いるのが特徴で、沖縄、特に八重山諸島では焼酎の代わりに泡盛《あわもり》を用いたミーリンチュ（味醂酒）もみられた。

味醂の起源には日本誕生説と中国伝来説がある。日本誕生説は、室町初期に飲用されていた練酒《ねりざけ》という甘い酒に由来するという説である。練酒は、糯米と米麴で造った甘酒を酒に入れて仕込んだ、油のようにドロッとした酒で、古来の酒造法を伝えているともいわれる。糯米の量の加減が難しく、多すぎると腐敗し糖化も進まないため、腐敗防止と糖化促進のために酒の代わりに焼酎を用いるようになったのが味醂の始まりとされる。

いっぽうで酒造に米麴や糯米を用いる点は、照葉樹林文化の要素の一つともいわれ、その点で味醂を捉えるならば、中国伝来説は重要である。明《みん》で飲用されていた、蜜酒、蜜淋《ミイリン》などと呼ばれる甘い酒を起源とする説である。蜜酒は、醸造途中の酒に焼酎を加えた甘い酒で、これが室町末期に伝来した後、醸造当初に焼酎を加える形に改良されて味醂が生まれたとするのである。一六五〇年（貞徳三）刊『貞徳文集《ていとくぶんしゅう》』をはじめ、味醂を異国より伝来した酒と記す文献も少なくない。また関連して、焼酎伝来が琉球《りゅうきゅう》経由であることから、味醂も琉球で基本的な製法が確立された後に本土に伝来したという見方もある。

いずれの説にしても味醂醸造に必須の蒸留酒がみられるようになるのは室町末期とされており、味醂もそれ以降に造られるようになり、江戸期に大きく展開したことは疑いない。

飲用酒から調味料へ　味醂に関する最古の文献は、豊臣秀次の右筆駒井重勝《こまいしげかつ》が著した『駒井日記』文禄二年（一五九三）条とされ、秀次が「蜜淋酎」（味醂）を酒とともに秀吉に届けさせている。当時の味醂は飲用される甘い酒で、価格も上酒の二倍、米の三倍もする高級品で、武家や公家などの上流階級の献上品や贈答品として用いられた。実際に味醂のアルコール度数は清酒のそれに匹敵する一五度未満で、今日も酒税法の対象となっている。

甘い飲用酒、味醂は、江戸後期には調味料として用いられるようになる。飲用酒から調味料への変化は、文献からも比較的明瞭に追うことができる。『本朝食鑑《ほんちょうしょっかん》』や『和漢三才図会《わかんさんさいずえ》』では、「美醂酒」・「美淋酎」の表記で、焼酒の一種の甘い酒として味醂が登場する。『和漢三才図会』には味醂がとても甘いことから酒の飲めない下戸《げこ》や女性に好まれる飲み物であったとある。また、曲亭馬琴《きょくていばきん》の日記からは、高価だった味醂が文政・天保年間（一八一八―四四）には酒と同価格まで下がったこともうかがえる。

『守貞謾稿《もりさだまんこう》』になると、調味料としての味醂が登場し、醤油《しょうゆ》に味醂を加えて鰻《うなぎ》に浸けて焼く鰻屋が紹介される。宝暦・天明年間（一七五一―八九）以降、江戸では近郊で穫れた野菜や東京湾で獲れた魚介類を用いた江戸料理が展開し、寿司《すし》屋や鰻屋、蕎麦《そば》屋などで味醂が徐々に調味料として用いられるようになった。

ところで、このように味醂が調味料として用いられる以前から、酒もまた飲用のみならず調味料としても用いられてきた。『厨事類記《ちゅうじるいき》』で調味料に数えられる煎酒《いりざけ》はその典型で、古酒に鰹節《かつおぶし》、梅干し、醤油などを入れて煎じて調味料とするほか、酢を加えて煎酒酢として用いることもあった。また酒粕を搾った汁や酒粕を水に溶いた汁も調味料として用いられた。味醂は、江戸料理の展開の中でこうした酒に代わる調味料として普及したともいえよう。

江戸の町人文化が繁栄した文化・文政年間（一八〇四―三〇）を中心に刊行された『料理早指南《りょうりはやしなん》』や

各種の百珍物《ひゃくちんもの》などの料理本からは、味醂が鰹節、醬油、砂糖、味噌《みそ》、酢、塩などと合わせて、煮物をはじめ焼物、蒸し物、漬物、和《あ》え物《もの》などさまざまな料理で用いられていたことがわかる。食材は魚介類が圧倒的に多いが、牛蒡《ごぼう》や蓮根《れんこん》などの根菜類もあった。これら料理本は、江戸や京坂で発刊されるが、大きな傾向としては江戸の料理本のほうが味醂の使用率が高いようである。『守貞謾稿』でも「多ク摂ノ伝法《でんぽう》村ニテ之ヲ醸ス也。然レドモ、京坂之ヲ用ルコト少ク、多クハ、江戸ニ漕シテ、諸食物、醬油ト之ヲ加ヘ煮ル」とあり、味醂が主に江戸やその周辺の人々の味の嗜好に応える調味料であったことがうかがえる。

飲む味醂のその後　味醂が調味料に用いられるいっぽうで、飲用としてはどうなったのか。実は『守貞謾稿』には飲用される味醂も登場する。「京坂、夏月ニハ、夏銘酒柳蔭ト云ヲ専用ス。江戸ハ、本直シト号シ、美淋ト焼酎ヲ大略半々ニ合セ用フ。「ホンナオシ」「ヤナギカゲ」トモニ冷酒ニテ飲ム也」とあり、味醂に焼酎を加えて飲用された。それは江戸で「本直し」、上方で「柳蔭《やなぎかげ》」と呼ばれ、夏場の暑気払いに飲む、口当たりのよい冷酒であった。一八二〇年(文政三)の『日養食鑑《にちようしょくかがみ》』にも「三七日をへて成る者を俗に本直しと云故に其味早く敗る又味醂酒ハ同物の日を久く経て成る者なり」とある。本直しは、元は味醂醸造の際に未熟成のまま飲用された酒を指したが、後には『守貞謾稿』に記されたように焼酎を加えて飲みやすく「直した」酒となった。それは逆にいえば、江戸後期には味醂自体は甘すぎて飲用されなくなっていたことを示している。本直しは明治以降も飲まれ、味酬の代表的産地の一つ、千葉県流山《ながれやま》市の醸造業者では、一九六〇年（昭和三五）頃までの味醂（調味料）と本直しの醸造量は四対六程度と本直しの方が多いくらいであったという。

ところで同じ流山の醸造業者が一八七七年（明治一〇）に記した「味淋取調書下書」には「飲料ニ供シテ能く滋養ノ功アリ食物ニ調和シテ甘味ナラシム」とあり、味醂が薬用としても飲まれていたことがうかがえる。江戸期、味醂はしばしば薬酒的な扱いもされた。一六六七年（寛文七）の『食物和歌本草増補《しょくもつわかほんぞう》』や一八三三年（天保四）の『食用簡便』には多飲しなければ胃腸に良く、気力も回復させるといった薬効が記される。

味醂の薬酒としての命脈は今日も受け継がれている。薬酒は端的にいえば薬草を浸した酒で、今日最も広く飲用されるのは、元旦に一年の邪気を祓い長寿を祈願して飲まれる屠蘇《とそ》であろう。これは山椒《さんしょう》や桔梗《ききょう》、陳皮《ちんぴ》、ニッケイの皮などを入れた布袋を酒に浸したもので、酒の代わりに味醂に浸すことも多い。

味醂を用いた薬酒として知られているものに保命酒と養命酒がある。保命酒は、広島県福山市の鞆《とも》の浦《うら》に伝わる薬酒で、味醂に高麗人参《こうらいにんじん》や菊花、甘草《かんぞう》など一三種の生薬《しょうやく》を加えて二か月ほど仕込み、それを圧搾・濾過して造る。味醂と同様にアルコール度数一四度ほどの甘い酒である。大坂の医師、中村吉兵衛が一六五九年（万治二）に鞆の浦に移住して醸造し始めたと伝えられ、福山藩への献上酒として庇護を受けて特産となった。

養命酒は、長野県上伊那《かみいな》郡中川村大草に伝わる薬酒で、一六〇二年（慶長七）に庄屋の塩沢宗閑《しおざわそうかん》が雪中に倒れていた老人を助けた際に製法を伝授されたと伝えており、味醂に桂皮《けいひ》、紅花《べにばな》、杜仲《とちゅう》など一四種の生薬を漬けこんで造られる。

このほか静岡県浜松市や愛知県犬山市、和歌山市などで造られた忍冬酒《にんどうしゅ》も、味醂にスイカズラの花弁や葉を漬けこんだ薬酒で、例えば浜松のそれは、室町末期に神谷権兵衛が造り始め、徳川家康の庇護を受けて浜松の名物の一つとなり、大名の贈答品としても重宝されたという。

こうした薬酒の起源譚の信憑性は不明だが、味醂が飲用酒であった時代に端を発すると伝える点は注目されよう。いずれも江戸期は味醂と同様に高価で、上流階級に飲まれ、庶民にも飲まれるようになるのは明治以降であった。

味醂の産地と流山　味醂は、樽廻船《たるかいせん》の問屋の多かった大坂伝法《でんぽう》村（現大阪市此花区）で本格的に醸造され始めたとされる。江戸初期は主に京坂で飲用酒として造られ、下り物として江戸に運ばれた。そうした中で輸送ルート上に位置した三河《みかわ》（愛知県東部）でも廻船問屋が矢作《やはぎ》川の水と温暖な気候を利用して味醂醸造を始め、江戸に送るようになった。「三河味醂」と総称されるのがそれで、特に三河国大浜村（現愛知県碧南市浜寺町）の廻船問屋、石川八郎右衛門信敦が一七七二年（安永元）から造り始めた味醂は「九重桜」の銘柄で知られ、一九二四年（大正一三）の全国酒類品評会でも名誉大賞を受賞している。現在もこの地域には「九重味醂」をはじめ「小笠原味醂」「相生《あいおい》ユニビオ」「角谷文治郎商店」などの味醂醸造業者が集中し、伝統的な産地となっている。

今日、味醂の国内醸造量は千葉県、兵庫県、愛知県の順に多い。中でも四〇%近くを占めるのが千葉県で、その中心的産地の一つが流山である。かつて流山には、秋元三左衛門《あきもとさんざえもん》の「天晴《あつぱれ》」、堀切紋次郎《ほりきりもんじろう》の「万上（泉）」、寺田豊松の「麗泉」、永瀬葛太郎の「白雪」などの味醂の銘柄があり、中でも「天晴」と「万上（泉）」は二大銘柄であった。

流山は、西部を江戸川が流れて水に恵まれているうえ、流域はその水を利用した米、特に太郎兵衛《たろべえ》糯《もち》という良質な糯米の産地でもあった。加えて、一大消費地である江戸まで三三キロほどで、朝四時に流山を出発して江戸川を下ると夕暮れには江戸に到着できた。流山では、この新鮮な水と良質な米、船運という利点を活かしてまず酒造が始まった。

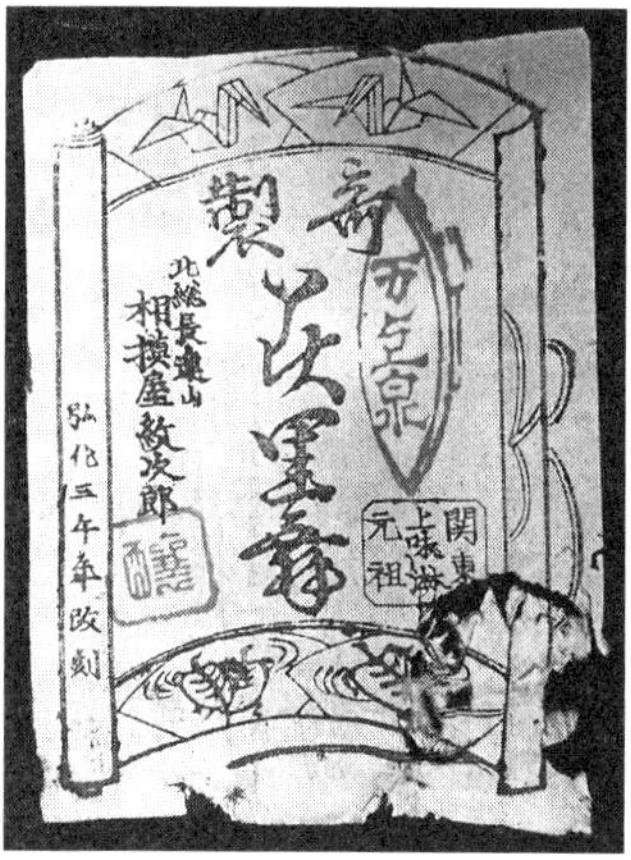

図2　流山味醂「万上泉」のラベル（弘化3年〈1846〉，流山市立博物館提供）

秋元三左衛門は寛文年間（一六六一―七三）、堀切紋次郎は一七六六年（明和三）に、ともに武蔵国北部（埼玉県）から流山に移住して酒造を始めた。流山を含む江戸周辺の酒造は、一七九〇年（寛政二）からの下り酒の制限に伴い「御免関東上《ごめんかんとうじょう》酒《しゅ》」の醸造で発展した。しかし一八〇六年（文化三）の酒造制限の完全撤廃で下り酒が急増すると、急速に衰退した。それに対応する形で酒造技術を応用して生まれたのが味醂醸造であった。

加えて文化・文政年間（一八〇四—三〇）は、江戸の料理文化が花開く時期でもあり、蕎麦つゆや鰻の蒲焼《かばや》きのタレ、どじょう鍋のつゆ、天つゆなどの調味料に味醂が用いられ、その需要が増大したことも、流山の味醂醸造にとって追い風となった。結果、江戸後期には流山の味醂は京坂にも知られるほどの名産となった。

明治から大正にかけて流山の味醂は醸造量が飛躍的に伸び最盛期を迎え、「万上」と「天晴」は、一八七三年のウィーンでの万国博覧会で有功賞牌、一八七七年（明治一〇）の第一回内国勧業博覧会で花紋褒賞を受賞した。今日もキッコーマンが流山で「万上」を造り続けているほか、二〇一五年（平成二七）にはMCフードスペシャリティーズが「天晴」を復活させている。

味醂の普及　江戸後期の料理文化の中で調味料として盛んに用いられるようになった味醂であるが、当時は高価であった。江戸随一の料理屋である八百善《やおぜん》の主人栗山善四郎《くりやまぜんしろう》がまとめた『江戸流行料理通』（一八二二年〈文政五〉—三五年〈天保六〉刊）に頻出する味醂を用いた料理は、いずれも大名や裕福な商人などに食され、庶民の口に入ることはなく、庶民が自家で味醂を用いることもほとんどなかった。この点は同じ醸造調味料の味噌《みそ》や醤油とは様相を異にする。味噌は原料の米、麦、大豆を自家調達して自家醸造も可能であったが、味醂は蒸留酒を必須とするため自家醸造は難しかった。醤油も自家醸造は簡単ではなかったが、食材に直接つけて食べられる点で、専ら料理の基礎調味料として用いられる味醂よりも手軽に扱えた。

調味料としての味醂が庶民の口に入るようになるのは明治以降である。象徴的なのは牛鍋《ぎゅうなべ》であろう。醤油や味醂などを合わせたつゆで牛肉、葱《ねぎ》、豆腐などを煮込んで食べるこの鍋は、明治に入って東京や横浜といった都市部の人々の間で流行した。また、第一次世界大戦の好景気を背景に都市部の人口が増加すると、大衆食堂も増加して味醂の需要はさらに増大した。流山の味醂醸造量が、明治から大正にかけて急増するのは白味醂の開発などの業者の努力もさることながら、こうした都市部での需要拡大によるところも大きい。ただ、それでも外食で口にする機会が増えた程度で、家庭料理に味醂が入り込むのは戦後を待たねばならなかった。

戦後、高度経済成長による生活水準の高まりで、一般家庭でも日常の料理に味醂を用いるようになった。また、食品加工業の発展で業務用食材の調味料にも味醂が盛んに用いられるようになった。例えば、蒲鉾《かまぼこ》などの練物《ねりもの》作りでテリを出すため味醂を上塗りし、スケトウダラの冷凍すり身の除臭に味醂が重宝された。

ただ、味醂に漂う高級感は、今日も少なからず残る。味醂と類似した調味料にみりん風調味料や料理酒（みりんタイプ調味料）があるが、味醂はこれらより割高で販売されることが多い。それは味醂に酒税がかかるためで、戦後、段階的に減税されたものの、今なお割高感のあることは否めない。

みりん風調味料は、調味原液に水飴や糖類、酸味料、アミノ酸、香料などを混合して甘みをつけた化学調味料で、味醂独特の「味」を追求して開発された。戦後の米不足の時期、米を原料とする味醂に高い税がかけられたため、この税から逃れるために一九四七年（昭和二二）に「新味醂」の名で登場した。アルコール分もなく酒税法の対象にならないため、酒販免許をもたないスーパーも安価に販売でき、「どこでも買える調味料」として歓迎された。料理酒もまた、酒に塩などを加えて不可飲処置をした化学調味料で、みりん風調味料と同様に酒税法の対象にならない安価な調味料として広く用いられている。

みりん風調味料も料理酒も、味醂の「味」を再現した化学調味料であり、逆にいえば味醂あってこそ誕生したともいえ、この頃には味醂が日本人の食に欠かせない調味料となっていたことを物語ってもいる。

一九九六年（平成八）に味醂限定小売免許が新設され、一九九八年にも酒類小売業免許の規制が緩和されたことで、今日ではほとんどのスーパーで味醂を販売できるようになっている。また食の健康志向や自然志向の高まりで化学的合成添加物が忌避され、天然調味料の味醂の見直しが進み、販売量は平成に入って伸びつつある。これに対応して近年では東南アジアや中国の安価な糯米を用いて生産された白酒醪を輸入して国内精製したり、仕込みでの麴量を減らして酵素製剤を用いて味醂を造る例もみられる。いっぽうで今日、家庭で料理する機会、つゆ・タレから手作りする機会は減っており、味醂を用いる機会は総体的には減少しているともいわれる。

味醂と食　このように味醂の歴史は酢より浅く、明治以降ようやく庶民に浸透してきた。そのため調味料として神饌《しんせん》や儀礼食に用いられることは少ない。いっぽうで調味料に先行する飲用酒としてはハレの場でも用いられた。先に触れた屠蘇はその典型である。屠蘇は、平安初期に唐から宮中に伝わったとされる薬酒で、やがて武家や町人にも広まり、江戸後期には庶民にも飲まれるようになった。同様に三月の桃花酒《とうかしゅ》、五月の菖蒲酒《しょうぶざけ》、九月の菊酒《きくしゅ》といった五節供に飲む酒にも味醂が用いられた。例えば桃の節供では、元は桃の花を酒に浸した桃花酒を飲んだが、慶長年間（一五九六―一六一五）に江戸の豊島屋が白酒《しろざけ》を造り始めると、桃花酒に代わって白酒が飲まれるようになった。白酒は精白した糯米を酒に浸した後、臼《うす》で挽《ひ》いてから再び酒を加えて微発酵させたもので、やがて庶民に普及する中で酒の代わりに味醂を加えた甘みの強い酒として女子に好まれるようになった。ここには、災厄を祓う桃の節供が女子の健やかな成長を願う雛《ひな》祭《まつ》りへと意味合いを変えていく様相も反映されていた。

また、沖縄、特に石垣島や黒島、西表《いりおもて》島などの八重山諸島では、焼酎の代わりに泡盛を使ったミーリンチュ（味醂酒）という甘い酒が造られ、正月や葬送儀礼などで神酒として飲まれた。

いっぽう調味料としての味醂は、講などで共食する料理には用いられたが、信仰的意味合いは薄い。先に触れた北陸の報恩講《ほうおんこう》でも煮物や和え物、漬物などに醬油や砂糖といっしょに味醂も用いた。こうした例は枚挙に暇ないが、いずれも味を調えるために用いられた。調味料としての味醂は、専ら美味しく食するため用いられたといってよい。味醂は、食材に浸み込んで香味や風味といった独特の

「味」をつけるほか、塩味や臭みを消したり、食材にテリやツヤをだしたり、さらには煮崩れを防いだりと、多様な効能をもつ。単に甘味をつけるだけでなく、食材にまるみやコク、すなわち味の深みをもたらしたのである。

こうした味醂の特性は、味噌や醬油、酢など他の調味料との相性にも反映された。特に味醂と同様に文化・文政年間に普及した醬油とは抜群の相性を見せた。味醂が、醬油のもつカド味を取り除き、柔らかく深みのある独特な味を生んだのである。江戸で普及した蕎麦はその典型である。藪《やぶ》系、更科《さらしな》系、砂場《すなば》系などさまざまな蕎麦があっても、いずれも味醂に醬油や砂糖を混ぜ合わせて加熱したつゆは不可欠で、味醂が醬油や砂糖のもつカド味を取ってコクをもたらした。明治以降に普及する照り焼きも、味醂と醬油を合わせたタレを魚の切り身につけて焼いたものであり、照り焼きと並んで今日味醂を用いた家庭料理の代表ともいえる肉じゃがも醬油との相性の良さを示す。

味醂干しは、味醂、醬油、砂糖などを混ぜたタレに食材を浸してから乾燥させたものである。大正初期に長崎で作られた、鰯《いわし》を醬油に浸して乾燥させた「さくら干し」からの派生で、醬油に味醂も加えたのである。

浅草呉《ご》服橋《ふくばし》の青柳才助《あおやぎさいすけ》が一八五八年（安政五）に江戸佃島《つくだじま》で売り出したと伝えられる佃煮《つくだに》は、砂糖と醬油の煮物であるが、味醂を加えることで醬油や砂糖のカド味をとってコクをもたらすとともに、保存性も高めることとなった。明治以降、佃煮は保存の効く軍用食として用いられ、それが戦後の一般家庭への普及につながった。

味醂のもつ保存効果を最大限に利用したのが漬物である。大根を味醂粕で漬けた守口漬《もりぐちづけ》や、塩をして干した瓜《うり》や茄子《なす》を味醂に浸した味醂漬のほか、醤油漬、福神漬、ラッキョウ漬などにも味醂は用いられる。いずれも味醂は保存性を高めるとともに、酸味や塩味などのカド味を矯正して味の調和を図るのに一役かった。

なお、醸造後に残る味醂粕は、『和漢三才図会』に庶民が菓子代わりにしたとあるように、上方では「こぼれ梅」と呼ばれる菓子として女性や子供に食された。上品でまろやかな甘さがあり、砂糖より入手しやすい甘味であったため好まれたという。ただ、これを食したのは上方が主で、江戸周辺では肥料に利用することが多かったようである。また『料理早指南』に記された「蜜したし」「柚《ゆず》ねり」「葛《くず》きり」などからは、味醂そのものも菓子に用いられたことがわかる。近年では、砂糖にはない味醂独特の甘味を洋菓子に利用する例もでてきている。

このように味醂は、味に独特の「穏やかさ」をもたらす調味料であるが、その色合いや味も少しずつ変化して今日に至ったということには注意しておきたい。例えば、かつて味醂は赤黄色をしていたが、一八一四年（文化一

図3　こぼれ梅（京都市）

〕に流山で米の精白技術と醪の濾過技術を向上させて色の澄んだ白味醂が造られるようになり、これが今日の味醂の色を決定づけた。また味も、江戸時代前期の『本朝食鑑』に記された配合では糖分わずか一%であったが、一七九九年（寛政一一）の『日本山海名産図会《にほんさんかいめいさんずえ》』では三〇%程度となり、明治以降はさらに甘みや旨みの濃い味醂となって今日に至っている。

4 「日本の味」と酢・味醂

酢も味醂《みりん》もその歴史は酒と深く関わる。特に江戸中期の酒造制限とその撤廃は両者の運命を大きく左右した。それは上方の下り酒に対する敗北の結果でもあるが、熟練した酒造技術を応用した点では酒造への抵抗、そして発展的展開ともいえる。

またこの時、鮨《すし》、蕎麦《そば》、鰻《うなぎ》などの江戸の食文化の展開が普及を強力に後押しした点も見逃せない。そしてそれが今日の「日本料理」の味を決定づけた要因の一つともなっている。「日本料理」は、平安期に確立した調理法をベースに、室町期の精進《しょうじん》料理や安土桃山期の茶懐石《ちゃかいせき》などの影響も受けて江戸期に完成をみるとされるが、この中で酢や味醂は欠かせない調味料となった。

いっぽうで、酢が早くから調味料として用いられ、近年になって飲用もされるようになってきたのに対し、後進の味醂は当初飲用されていたが、後に調味料として用いられるようになったという違いがあり、伝統的な行事や儀礼などの場では、酢は調味料として、味醂は飲用酒として用いられることが多い。

いずれにしてもこの新旧の発酵調味料は、ともに単なる酸味や甘味ではない、独特の旨味や風味、香味をもたらし、味に柔軟性や幅を生んで「日本の味」の形成に重要な役割を果たした。ただしその「味」は変化を繰り返して戦後にようやく確立されたものでもあることを、私たちは日本の食文化を考えるうえで忘れてはならない。

参考文献

石川寛子編　一九九四年『論集　江戸の食』引学出版

岩崎信也　二〇〇三年『世界に広がる日本の酢の文化』ミツカン

大江隆子他　二〇〇一年「江戸期におけるみりんの料理への利用─みりんの食文化と変遷─」『日本調理科学会誌』三四巻一号

大久保洋子　一九九八年『江戸のファーストフード』講談社選書メチエ

加藤美地子　一九八四年「食酢（和酢・洋酢・果実酢を含めて）」『弘前学院大学・弘前学院短期大学紀要』二〇号

蟹江松雄　一九八九年『福山の黒酢─琥珀色の秘伝─』農山漁村文化協会

上山春平編　一九六九年『照葉樹林文化　日本文化の深層』中公新書

川根正教　二〇一四年『流山みりん物語』崙書房出版
河辺達也・森田日出男　一九九八年「みりん（1）・（2）」『日本醸造協会誌』九三巻一〇・一一号
川原崎淑子他　一九九九年「江戸期の料理本におけるみりんについて（第二報）―『万宝料理秘密箱』『料理早指南』『素人庖丁』のみりんの使用―」『園田学園女子大学論文集』三四巻二号
神崎宣武　二〇〇五年『「まつり」の食文化』角川選書
小泉幸道　二〇一三年「酢の歴史と種類」『食生活』一〇七巻四号
河野友美　一九八五年『酢の百科』東京書房社
一九八五年『調味料の基礎知識』家政教育社
齋藤ミチ子　二〇〇四年「神々の食膳」国学院大学日本文化研究所編『東アジアにみる食とこころ』おうふう
佐藤節夫　二〇〇〇年「酢・酒（みりん）」『食の科学』二六五号
澤田参子他　一九九九年「江戸期の料理本におけるみりんについて（第一報）―みりんの料理への利用のはじまりと変遷―」『奈良文化女子短期大学紀要』三〇号
瀬川清子　一九五六年『食生活の歴史』講談社（のち一九六八年、名著シリーズ、講談社）
流山市教育委員会編　二〇〇五年『流山の醸造業Ⅱ（本文編）』
萩尾俊章　二〇一五年「味醂酒造立史料と沖縄の味醂酒に関する一考察」『沖縄史料編集紀要』三八号
原田信男　一九八九年『江戸の料理史』中公新書
松本典子　二〇一五年「江戸時代の酒造業―寛政改革の関東地廻り醸造から―」『寧楽史苑』六〇号
森田日出男編　二〇〇三年『みりんの知識』幸書房

山下　勝　一九七四年「味醂の系譜」一・二『日本醸造協会雑誌』六九巻四・六号
柳田国男　一九三一年『明治大正史　第四巻世相編』朝日新聞社（のち一九八〇年『定本柳田国男集第二四巻』筑摩書房）
渡辺康雄　二〇一四年「日本の調味料　本みりん」『栄養教諭　食育読本』三四号

味噌と醤油——大豆発酵調味料の広がり——

小谷竜介

1　日本に根ざした調味料

和食の調味料の代表である味噌《みそ》と醤油《しょうゆ》は、大豆を麹菌《こうじきん》により発酵させて作る点で共通する起源を持つ調味料である。その元となる醤《ひしお》は古代に中国よりもたらされたが、現在の味噌、醤油が成立するのは中世までくだる。食べ味噌である径山寺《きんざんじ》味噌の上澄みを改良して生まれたものが醤油とされ、味噌に遅れて成立した。

味噌、醤油は麴菌の管理や、それ以上に食味の関わりから、醸造家による醸造が京都、大坂、江戸など都市部を中心に早くから成立した。一方で、「手前味噌」で知られるように、自家醸造による味噌や醤油も広く作られてきた。その製法を見ると基本的には味噌も醤油も全国ほぼ同じ醸造法である、と整理されるが、材料の配合比率により食味に大きな違いが生まれる。それゆえ全国各地で多様な味噌、醬油が生み出されている。味噌、醬油は多様性をもった調味料でもある。以下、ここでは味噌、醬油の製法を概観した上で、各家庭で醸造していた味噌、醬油を紹介しよう。

2　味噌と醬油の歴史

古代から中世の醬　味噌《みそ》は中国より伝来した、麴《こうじ》と塩を用いて発酵させたペースト状の調味料である醬《ひしお》に起源を持つ。醬自体は塩、麴などの菌により発酵させたものすべてをさし、魚を使うと魚醬《ぎょしょう》になる。七〇一年（大宝元）の大宝律令には官職名として「主醬《ひしおのつかさ》」が確認され、その管理する食材として「雑醬」「豉《くき》」「醬」「未醬《みそ》」の四種が記載されている。この頃には国内で独自の調味料化が進んでいたことがうかがえる。このうち雑醬は肉醬《ししびしお》や魚醬《うおびしお》といった大豆以外を原料とした醬や「にらき」と呼ばれる漬物である。肉醬や漬物、塩辛のように副食的な位置づけの食物と、しょっつるのような調味料があったものと考えられている。他の三種は大豆を原料とした醬である。豉は大豆の形状を残して発酵させた、塩辛納豆のことで、後の大徳寺《だいとくじ》納豆《なっとう》などに連なるものである。醬は豆醬《まめびしお》のことで、醬大豆、塩、米、酒、糯米《もちごめ》などを発酵させ搾った液体状の調味料である。未醬は六六六年（天智天皇五）に高麗《こうらい》より伝わった高麗醬を示すものと考えられており、九二七年（延長五）に成立した『延喜《えんぎ》式《しき》』によれば、醬大豆、米、小麦、酒、塩を原料とする。醬と異なり固形であった。この未醬が語源上も現在の味噌に連なるとされる。また、当時の未醬に近いものとして、現在食べ味噌またはなめ味噌と呼ばれる、おかず、副食となるような大豆の粒がしっかり残ったり、野菜を混ぜ込んだりした味噌があり、こうした状態のものであったと考えられている。こうした食べ味噌としては和歌山県の金《きん》山寺《ざんじ》味噌などが知られる。

ペースト状の、現在につながる味噌は中世に成立した。味噌汁は味噌の利用としてもっともポピュラーなものであるが、この食法は室町時代に成立したと考えられており、このころ、現在の味噌の製法が確立したものとみられている。

味噌の分類　味噌は製法が醬油に比べると安易であることから、自家醸造することが多い。いわゆる手前味噌である。使う材料は、煮大豆、麴、塩である。麴は純粋な麴菌である元麴を繁殖させる培地として、米、麦、大豆など多様な材料が用いられる。この麴の種類と塩分量により味や色味が決まる。味噌は概略、次頁の表のように分類される。

味噌の分類は、麴の培地によって大きく分けられる。味、風味が培地によって大きく決まるためである。同時に麴と塩の煮大豆に対する比率も大きく影響する。煮大豆に対して麴が多くなると甘みが増し、塩分が少ないと熟成期間が短くなる。この塩梅《あんばい》で味噌の特徴が決まる。

米味噌は、米を培地にした麴と煮大豆、塩で醸造される。米はくず米でも十分使えることから、原

表　味噌の分類と分布

原　料	色　と　味		麹歩合	塩分(%)	主な産地
米味噌	甘味噌	白	15～30	5～7	近畿地方、中国地方、瀬戸内地方
		赤	12～20	5～7	東　京
	甘口味噌	淡色	8～15	7～12	静　岡
		赤	10～15	11～13	徳島、その他
	辛口味噌	淡色	5～10	11～13	関東甲信越、北陸、その他全国各地
		赤	5～10	11～13	東北地方、その他全国各地
麦味噌	甘口味噌		15～25	9～11	九州、中国地方日本海岸
	辛口味噌		5～10	11～13	九州、四国、関東北部
豆味噌			（全量）	10～12	中　京

注　麹歩合は、大豆と麹の比率

料の入手しやすさもあり、全国的にはもっとも多く生産されている味噌である。麹と塩の配合比率から、大きく甘味噌、甘口味噌、辛口味噌の三種に分類される。塩の量が少なく麹の量が多い味噌を甘味噌、塩の量が多く麹が少ない味噌を辛口味噌という。甘口味噌は、塩分量は辛口味噌と変わらないが、麹の量が辛口味噌の倍程度となる。塩分量が五～七％、麹歩合が一五～三〇％の甘味噌は京都などの白味噌がもっともよく知られる。一方、北日本を中心に醸造される辛口味噌は塩分量が一一～一三％、麹歩合が五～一〇％と、甘味噌の倍ほどの塩が使われ、麹が半量となる。甘い、辛いは塩分の多寡による表現と、麹による糖度の多寡による表現が混在している。

麦味噌は、西日本を中心に醸造される。二毛作の裏作として生産される麦を麹の培地にしたため広がったと説明される。収穫量が醸造量にどの程度の影響を与えるのか不明であるが、麦味噌は西日本以外では、北関東など麦作が盛んに行われている地域で醸造されており、麦の生産と密接に関わっている。

豆味噌は、豆麹で作る味噌である。中部地方で醸造される甘みの強い八丁《はっちょう》味噌は、全量豆麹で作られ、豆味噌の代表である。製法から豆味噌を見ると大きく二つに分類できる。一つは蒸煮した大豆に、あらかじめ作った豆麹を混ぜ込み仕込むもので、米味噌、麦味噌と同様の製法のものである。もう一つは、八丁味噌のように蒸煮した大豆を全量麹として、塩とともに仕込むものである。味噌の味は大豆と麹と塩の配合比率で決まるが、後者の豆味噌は大豆と麹が全て麹になっている味噌であり、麹の発酵で作られる糖分の強い味噌となる。

米、麦、豆を麹とする味噌が中心となるが、麹の培地となるのはこれに限らない。味噌麹としては南西諸島のソテツの実が知られる。ソテツ味噌に限らず、味噌に用いる麹の種類は地域性が指摘されている。先に触れたように、中部地域の豆味噌や中四国、九州の麦味噌などである。また、全国的に用いられる米味噌にしても、麹の量や、塩の量により地域ごとの特徴もある。大きくは表のように整理されるが、厳密なものではなく、北関東で麦味噌が醸造されるように、まだら状に地域の味噌がある。特に自家製の味噌では、混在が見られる。それゆえ、手前味噌が成立する背景となっているのである。

醤油の発生　醤油は食べ味噌である径山寺《きんざんじ》味噌の上澄みから発生したとされる。味噌の上澄みを醤油的な調味料として利用することは、「たまり」として江戸時代の記録にも、民俗例として近年でも確認される。例えば江戸時代初期の『料理物語』にはうどんの汁として煮抜かれたみそ、といった表現や、鹿汁にうすみそ、といった表現が見られ、現在の醬油のようにして使われていたことがわかる（石川他　一九八八）。また、同様に宮城県本吉郡本吉町《もとよし》（現気仙沼市《けせんぬま》）では、一九七五年（昭和五〇）ころまで醬油の代わりとして味噌のたまりや、味噌と大根を煮た汁を用いると報告されている（東洋大学民俗研究会編　一九八二）。そうした味噌の利用と平行して、よりおいしい調味料として醬油が発達したものとみられる。現在の醬油の原型は和歌山県湯浅《ゆあさ》の醸造業が起源とされる。そして、この湯浅の醬油業者が関東に移り、江戸の醬油消費を支えた下総《しもうさ》（千葉県）銚子《ちょうし》、野田《のだ》の醸造業に連なる。江戸時代の醬油の発展には、醸造技術の確立とともに、熱入れ作業技術の確立がある。

味噌と比べた時、醬油は腐敗しやすく、変質をおこしやすい。そのため「火入れ」と呼ぶ、煮沸により発酵を止め滅菌する工程が重要となる。この手法が江戸時代中期に確立してから商品が広く流通することになった。また、火入れ作業をアジツケなどともいい、加熱する際に砂糖や甘草《かんぞう》を入れて味を調えた。こうした味を調える方法の確立も商品としての醬油を成立させた一面である。

醬油は全国的に見ても、醸造法において味噌ほどのバリエーションがない。自家製の醬油も全国で見られるが、製法を見ると大きな違いはない。大豆と麦を培地に麴を作り、蒸煮した大豆と塩、水と漬け込み、攪拌しながら発酵させる。これを諸味《もろみ》という。一定程度発酵が進み、熟成すると諸味を搾る。この搾り液が醬油となる。この製法が基本となる。

醬油は日本農林規格（JAS規格）に基づくと、濃口、薄口（淡口）、溜まり、再仕込み、白醬油の五種に分類される。もっとも多く流通している醬油は濃口醬油である。この五種の分類のうち、濃口、薄口、白醬油の違いは製法自体ではなく、その原料の配合によっている。塩分量を増やし発酵期間を短くしたものは、色つきが薄くなり、薄口醬油となる。濃口醬油は逆となる。また、麴の培地となる麦を増やし、色つきをさらに薄くしたものが白醬油である。こうした点では、味噌の甘口、辛口の違いと同様である。再仕込み醬油は、一度醸造した醬油に、再度麴を加えて再発酵させたもので、濃口醬油に比べるとより濃厚で麴による甘味の増した醬油となる。

溜まり醬油は、これらの醬油とは唯一異なる醸造法により作られる。溜まり醬油は中部地方で醸造され、同地方で一般に醸造される豆味噌を搾ったものである。麴に麦が入らず、豆麴のみで作る点が他の醬油との違いである。味噌の上澄み液が醬油の起源になることを考えると、もっとも古風な醬油ともいえる。豆と麦の混合麴による醬油しか醸造されなくなった現在では、貴重な醬油となっている。

3　業としての味噌・醬油

都市近郊の醸造業　発酵食品である味噌《みそ》、醬油《しょうゆ》は、麴《こうじ》の温度管理や、仕込み後の管理面で腐敗防止の観点から専業による安定的な生産が求められる。こうした点で、調味料として完成したての中世はさておき、商品流通網が確立する近世になると、醸造家による業として醸造が全国に広がっていく。業としての醸造は消費地である都市と密接に関わるものであり、中世に京都・大坂で行われていた味噌、醤油醸造業が周辺地域での醸造に移っていったように、流通の整備とセットとなり醸造地が広がっていった。

醤油醸造では、一七六四年（明和元）の大坂で七〇〇軒前後、京都でも享保期に二五〇軒余りの醸造業者が営んでいた。こうした都市部の醸造業者は徐々に、備前《びぜん》、播磨《はりま》、紀伊《きい》、讃岐《さぬき》の業者と競合し衰退していった。江戸時代中期以降は醸造技術の伝播と、海運が発達し原材料の入手と出荷の両面で有利になったことにより、京坂周辺地域の醤油醸造が中心となった。江戸でも、江戸中期になると紀伊の醤油醸造家が下総《しもうさ》の銚子《ちょうし》、野田《のだ》にて醸造を開始し、江戸での消費を一手に担うことになった。近代になると、現在は廃されているが醤油の発酵時にアルコール発酵を伴うものがあることから、自家醸造も含め酒税の対象となった。このことにより、醤油醸造業者による醸造が基本となっていった。

味噌は全国的に自家醸造が見られる一方で、江戸などの大都市のみならず、都市では業としての味噌醸造家が求められた。その結果各地で業者による醸造が展開したが、醤油ほど大規模な醸造家は生まれなかった。明治時代になると、用具の改良などから、醸造家の資本規模は大きくなった。東京では、関東大震災により市中、近郊の醸造家、特に味噌醸造業が打撃を受けた結果、信州《しんしゅう》味噌など、より遠方の産地から出荷されるようになり地方の産地が大規模化した。最終的には戦争中の統制経済などの影響により大規模な味噌醸造家の味噌生産が中心となっていった。

紀州と讃岐の醬油業　京都、大坂という大都市を有する近畿、瀬戸内地域は江戸時代になると、都市内での醸造から地方での醸造が中心となっていった。醬油では、讃岐や紀州湯浅《きしゅうゆあさ》の醬油がよく知られる。

紀州（和歌山県）湯浅の醬油醸造業は、醬油業発祥の地として知られ、大規模な醬油醸造が行われた。伝説によれば、湯浅の醬油の発祥は、鎌倉時代、僧覚心《かくしん》が入宋《にっそう》して仏教修行の折、当地の径山寺《きんざんじ》味噌の製法を学び、帰国後、湯浅近郊の日高《ひだか》郡由良《ゆら》に興国寺《こうこくじ》を創建し、この地方に径山寺味噌の製法を伝えた。この味噌が野菜や大豆とともに漬け込んだ食べ味噌である金山寺《きんざんじ》味噌の始まりとされる。そして、この味噌の漬け桶《おけ》の底にたまった液汁が煮炊きの際の調味料に適していることから、改良され湯浅醬油となったというものである。

業としての醬油醸造は一五三五年（天文四）に赤胴三郎四郎《あかどうさぶろうしろう》が醸造を始め、大坂の小松屋伊兵衛《こまつやいへえ》方で販売したものが最初とされる。江戸時代になると紀州藩の保護を受けて大々的に展開するようになる。保護の内容としては、輸送に際して御用船《ごようせん》と同様の特権が与えられるとともに、醸造家に対する無利子融資を受ける特権などがあげられる。さらに一七八二年（天明二）には大坂紀州藩屋敷西隣に醬油問屋が設けられ、代金の回収に安定を見た結果、業者の数が増加し、文化年間（一八〇四―一八）

には九二軒に達した。その後、全国的に醤油業者が増加したことから、廃業するものも出ていたが、幕末まで紀州藩による保護は継続し、近代を迎えた。

讃岐（香川県）の醤油醸造は紀州湯浅には遅れ、江戸時代後期に始まった。最初の記録は一八〇九年（文化六）に小豆島《しょうどしま》の高橋文右衛門《たかはしぶんえもん》が三八石（一石は約一八〇リットル）の醤油を大坂に出したというものである。讃岐の醤油醸造は京坂圏では後発となるが、徐々に生産量を増やし、明治時代になると下総（千葉県）野田を抜き全国一の生産高を記録するまでになった。一方で、野田で一二軒、銚子で一一軒の業者で醸造を行う下総と比して、二〇〇軒余という讃岐の業者数には大きな差があり、比較的小規模の醸造家により生産されていたことがわかる。また昭和初期の販売先を見ると小豆島の場合は、移出量が生産量を上回っており、他県産の醤油を移入した上で、島外に出荷されていたことがわかる。しかしながら、丸亀市では、移出・移入が統計上ほとんどなく、市内で生産された醤油がほぼ全量市内で消費されていたことになる。これに限らず香川県の本土側では郡・市を超えた移出すなわち出荷が少なく、多くが醸造地内で消費されていることがうかがえる。地域の醤油需要に応じて産業の規模が決まっていたという讃岐の醤油醸造の特徴を見ることができる。

醤油の製法　現在の湯浅醤油の製法について『和歌山県の諸職』より抜粋して紹介しよう（和歌山県教育委員会文化財課編　一九九二）。大豆は大釜《おおがま》で一日茹で、一夜蒸す。この大豆と、煎《い》って挽《ひ》き割りにした小麦を筵《むしろ》の上で混ぜ、種麹を振りかける。炭火で温度を調節した麹室で四日間寝かせて麹にする。

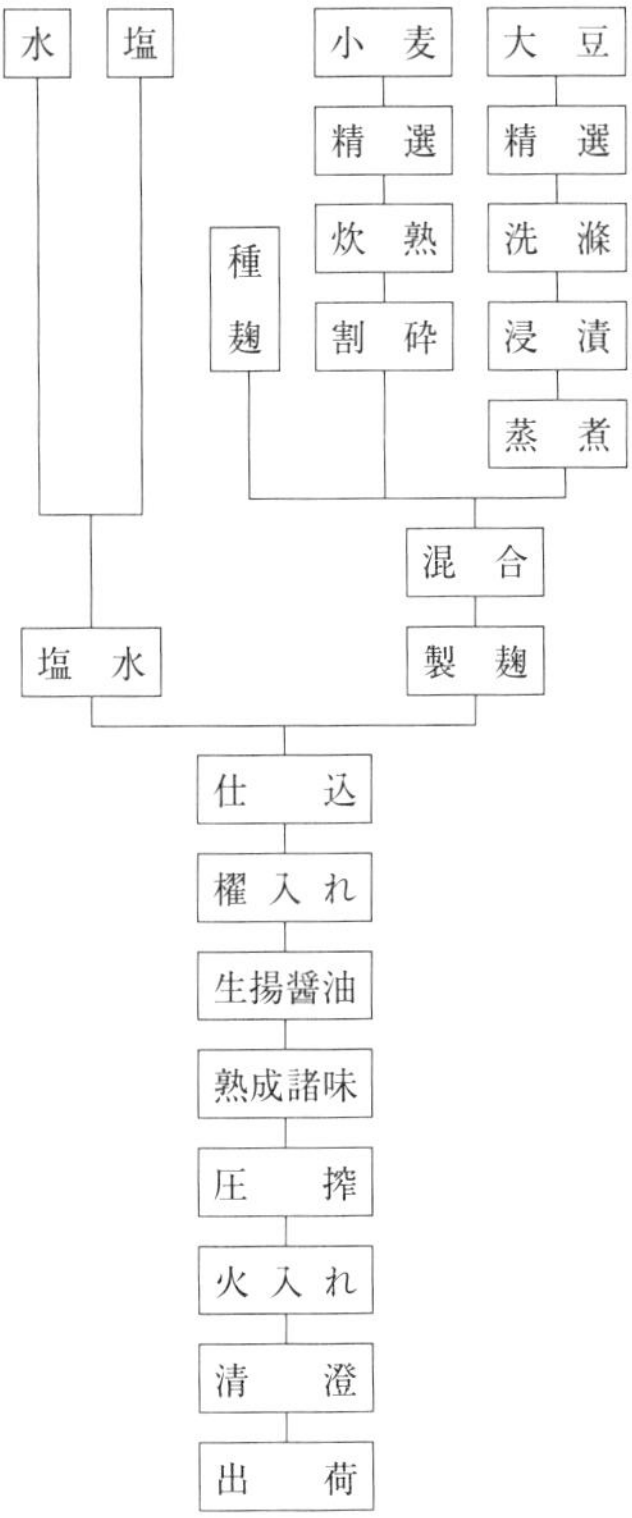

図１　讃岐の醤油醸造工程（四国民家博物館研究所編　1987年『讃岐の醤油づくり』より）

麹作りに合わせて、仕込み桶に一九%ほどの塩水を作り、できあがった麹を混ぜ込みよく攪拌する。その後当座は毎日、発酵が進むと数日おきに攪拌を続ける。攪拌が不十分だと腐敗するため丁寧に行う必要がある。一年から一年半ほどで発酵を終え搾る。搾った汁は加熱によって発酵を止めるために火入れをする。この際、甘草や砂糖を加えて味付けをし、カラメルを加えて色つけをする。火入れが終わると、三、四日ほどそのままにして不純物を沈下させ完成となる。

一方、讃岐の醸造工程は図1の通りである。湯浅の工程と比較すると、基本的に同じであることがわかる。

醤油の産地は、江戸近郊では下総、京坂近郊では紀州、讃州など大都市近接地に一大醸造地が形成された。一方で、醸造地がさらに集約することはなく、それぞれに作った販路をもとにしながら生産が展開していった。また、醸造技術の観点から見ると、基本的に原材料や工程に大きな差がなく、配合比率の違いがあるだけである。こうした醬油の醸造技術の統一性は後述する味噌との大きな違いである。

仙台の味噌醸造業　味噌は、原料の地域性などが醬油に比して大きく、また各家庭で自家消費分を醸造することが安易である。一方で、都市部を中心に味噌の醸造が求められ企業家による醸造が行われた。ここでは地方都市、仙台の味噌醸造業について紹介しよう（仙台市教育委員会編　二〇一〇）。

仙台の味噌は塩分量の多い辛口味噌の赤味米麴味噌で、「仙台味噌」として知られる。仙台の醸造業は、真壁屋《まかべや》が味噌御用として、藩の味噌醸造を担い、江戸時代当初より醸造を行っていた。その後、元禄期には「味噌屋仲間」が結成された。一八二八年（文政一一）の仲間帳には真壁屋以下一四名が記されており、当時の仙台における味噌醸造の様子を知ることができる。味噌屋仲間由来の醸造家は現在少なく、現在仙台味噌を醸造しているのは幕末から明治時代にかけて業を始めたものたちである。例えば、佐々重《ささじゅう》は市内中心部大町で桶工を営んでいた佐々木家の養子になった重兵衛が、義母の願いだった味噌業を興し、一八五四年（安政元）より販売を開始した。紅久《べにきゅう》は、一七八三年（天明三）創業の紅、白粉《おしろい》販売業であるが、一八八三年（明治一六）より味噌醬油業を始めた。このように他業種から転業した醸造家が多い。一九二八年（昭和三）の「耕地所有地主調査」によれば、仙台の醸造家は地主としてもかなりの土地を持っていることが多い。江戸時代から明治時代と、社会制度は大きく変わるが、都市仙台においては、味噌醸造業は一定の資本を有した、いわば成功した資本家が取り組む業として位置づけられていたことがうかがえる。

現在、仙台味噌という場合は在仙の業者の組合である仙台味噌醤油工業協同組合の味噌を指すことが一般化している。組合では、その品質を維持するため、製法を決め、組合員の各業者に遵守を求めた。一方で、製法は時々の流行に応じて規定を見直し、徐々に味を変えてきている。

戦前の醸造工程　仙台味噌の標準的な配合は徐々に変化してきているが、ここでは戦前の工程について『仙台味噌』(仙台市教育委員会編　二〇一〇)から概観しよう。伝統的な仙台味噌は大豆一石(一三一・二五キロ)に対して、米麴五斗(七五キロ)、食塩五斗(六〇キロ)の割合で仕込む。麴は原料米を十分給水させ蒸煮する。ここに種麴を漬けて麴を生育する。原料米重量から七~一〇%程度重量が増えると麴は完成する。仕込みでは、蒸煮した大豆を半切り桶にあけ、藁草履《わらぞうり》を履いて、大豆を踏み潰す。そこに、あらかじめ塩を混ぜた麴を載せて木べらで混ぜ合わせる。これを仕込み桶に移し、寝かせる。春に仕込むと、夏土用の時期、気温も上がり発酵により酵母がもっとも増える時期に「掌返し《てのひらがえ》」という、桶全体をかき混ぜる作業をする。空気をよく含ませるようにかき混ぜる。掌返しはその後秋までに二回ほど行う。こうして三年ほど寝かせると味噌が完成する。こうした仙台味噌の製法は仙台近郊に伝わる自家製味噌の製法と、原料の配合比率も含めほぼ同一である。地域に根ざした食味といえよう。

仙台市内の味噌・醤油醸造業者は、戦後になると宮城県味噌醤油工業協同組合を設立した。資材の共同購入などを行っていたようであるが、昭和三〇年代後半、宮城県主催の鑑評会の結果を受け、「本場仙台味噌」の品質均一化を目指して、一九六五年（昭和四〇）に「本場仙台味噌統一仕込要領」を制定した。そこでは、麴、塩の配合基準を定めるとともに、作業工程や機材などについても定めている。また、配合歩合も市場のニーズを受けて徐々に麴の分量を増やすようになってきており、全体として、米麴の配合量を増やし、甘みを増す方向となっている。

業としての味噌、醤油醸造は、近世以来、都市の発展と流通の発達に伴って展開してきた。同時に地域や時代に合わせて市場を意識した製品の醸造を行ってきた点も特徴である。その意味では、地域ごとの味噌、醤油の味の標準を担ってきたのが、こうした業としての醸造家による味噌、醤油醸造であった。

4　自家製の味噌

自家製味噌の醸造　ここまで見てきたように、味噌《みそ》、醤油《しょうゆ》は業としての側面から歴史的な展開を見ることができる。一方で、農村部における日用の調味料としては、自家製の味噌、醤油が大きな位置

①大豆を踏み潰す

②潰し終えた大豆

③できあがった味噌玉

④味噌玉を藁縄で縛る

⑤味噌玉を吊す

図２　味噌の醸造工程（東北歴史博物館体験教室より）

を占めてきた。特に味噌は、後述するが、麹《こうじ》を自然条件で培養することでも作ることができるため、全国各地で自家醸造されてきた。一方、醬油は一定量の麹が必要であり、発酵過程での管理が煩雑であること、そして、それ以上に、安定した食味を作ることが難しかったこともあり、味噌ほど自家醸造されていない。以下、まず先に自家製の味噌の実状を見てみよう。

味噌は、煮大豆と麴、塩を混ぜ合わせ漬け込むことで製造できる。先に触れたように国内全体を見ると表のような味噌の分布を示すが、個々の事例を見ると当然ながらもう少し微細な分布を示す。また、混在して醸造する地域も多い。以下『聞き書ふるさとの家庭料理16 味噌 豆腐 納豆』（農山漁村文化協会編 二〇〇三）に報告されている各地の味噌作りから、自家製味噌の製法を紹介する。

事例1 秋田県鹿角《かづの》市八幡平《はちまんたい》：煮た大豆を半切り桶《おけ》にいれ、新しいつまごわらじで踏み潰し、熱いうちにソフトボール大に丸め味噌玉にする。藁《わら》に包み吊して乾燥させる。四〇日ほどたつと黒みを帯び、ひび割れが生じる。ひび割れの中にカビが見えるようになると完成となる。これを水につけて柔らかくしてから、大豆一斗に塩三升から四升の配分で混ぜ合わせ、味噌桶に入れる。最後に古味噌を蓋《ふた》状に詰めて、笹の葉で覆う。押し蓋をして重石をかけ、三年ほど漬け込むと完成となる。

事例2 群馬県利根《とね》郡新治《にいはる》村（現みなかみ町）：二月から三月ころに味噌炊きといって大豆を煮る。煮た大豆は熱いうちに半切りに入れ、藁靴で潰す。これを味噌玉にして、藁紐で吊す。二か月ほど吊るし、五月ごろに下ろし、水に浸して洗う。割った味噌玉の中に青カビがついているくらいがちょうどよい。洗った味噌玉を臼《うす》でつき潰し、塩と水を加える。塩は大豆一斗に対し三升ほどである。これを味噌桶に入れ、二夏過ぎると完成する。

事例3　新潟県豊栄市《とよさか》：田植え前、四月中に味噌煮を行う。煮た大豆は半切りに入れわら靴で踏み潰す。これを味噌玉にして、縁側に並べて干す。一か月ほど乾かすと、仕込みとなる。仕込みに先立ち米麹を作る。仕込み日に合わせて作るようにするが、都合がつかないときはできあがった米麹に塩を混ぜておく。味噌玉は表面のカビを洗い落としてから水に一晩つける。柔らかくなった味噌玉を包丁で削るように砕き、そこに麴と塩を混ぜ合わせる。大豆一斗に麴五升、塩五升の配分となる。また、大豆の煮汁に塩を混ぜてとっておき、これを混ぜ込むことが多いが、味が酸っぱくなることから、近年では湯を混ぜるようになっている。味噌桶につけると、上部をならし、塩を振り、その上に蓮《はす》の葉を使って封入する。さらに塩を一升振り、紙で覆う。押し蓋はしない。三年目から食べ始める。

事例4　愛知県碧南市《へきなん》：年末、寒くなると味噌作りが始まる。大豆を煮て、熱いうちに臼に入れ杵《きね》でついて八分程度まで潰し、味噌玉を作る。一〇《チセン》ほどの味噌玉には藁紐を通すために棒を使って穴をあけておく。味噌玉は二、三日乾かしてから紐を通して風通しのよいところで二か月ほど干す。穴や割れ目に白カビがつき、青カビが出てくると仕込みとなる。味噌玉の表面を水で洗ってから、槌《つち》や杵を使って砕く。大豆一斗に対して塩三升の割合で大豆と塩を混ぜ味噌《みそ》樽《だる》に漬け込む。仕込みが終わると、一昼夜ほどそのままおいてから蓋塩をして、木綿《もめん》布をかぶせ、押し蓋をして重石をのせる。一年寝かして二年目から使い始める。

事例5　兵庫県宍粟《しそう》郡千種《ちくさ》町（現宍粟市）：味噌の仕込みは春先、三月か四月に行う。それに先立ち、前年の雪が降る前に麴を作る。米に種麴を混ぜ、自家製で作る。味噌仕込みは、豆を指でつまんで潰れるくらいに釜で煮込む。冷めないうちに水切りをして踏み臼で潰す。潰した二斗の大豆に麴一斗五升、塩一斗四合に、アメと呼ぶ大豆の煮汁を甕《かめ》に入れて漬ける。漬け込む際にぬかを水で練り固めて作ったぬかだんごを入れると風味がよくなる。味噌は三年ほど寝かしてから食べる。

事例6　奈良県宇陀《うだ》郡御杖《みつえ》村：晩秋に仕込みの準備を始める。大豆を一日かけてよく煮る。アメ（煮汁）は塩を加えて保存しておく。煮た豆は踏み臼でつき、直径三寸（約九センチ）ほどの味噌玉にする。味噌玉は中を中空にするため、椀《わん》状の半球を作り二つを合わせて藁紐で十文字に縛り、吊して干す。三か月ほど干し、二月になると青カビが生え、乾燥によりひび割れが出てくる。初午《はつうま》の一、二日前に下ろして唐臼《からうす》で砕き、細かい粉状にする。初午の日に大豆一斗にアメを加えた一斗の水、塩を六、七升の割合で合わせて桶に仕込む。仕込んだ後は毎日かき混ぜる。かき混ぜた後は桶の縁や蓋を念入りに拭き清潔を保つ。一年ほど漬けると完成となる。味噌の上澄みはたまり醬油の代わりとして使うこともあるが、使いすぎると味噌の味が落ちるといわれる。

事例7　徳島県板野郡土成《どなり》町（現阿波《あわ》市）：ミソニは正月過ぎの子《ね》の日または一月一六日と決まっている。秋に収穫した大豆を煮る二日前から水に浸しておく。煮た豆は唐臼でつき、大豆を潰す。潰した豆は一貫（三・七五キロ）ほどの量を塊にして小口切りにしたものをムシロの上に並べる。二〇日ほど干すとカビが生え黒くなり仕込みとなる。このタイミングに合わせ麦麹を準備する。麦麹は蒸した麦に種麹をつけ、三日ほど繁殖させて作る。仕込みは黒くなった大豆、麦麹、塩と、アメと呼ぶ塩を混ぜた大豆の煮汁を唐臼に入れてつき混ぜる。これを桶に入れて二年間寝かし、三年目から食べ始める。

事例8　大分県大分市下戸：五月、自家製の醬油作りに引き続いて味噌を仕込む。醬油と同様に、麦と大豆を煎り挽き臼で粗く挽き割る。これを蒸してムシロにあけて種麹を混ぜて作る。麦と大豆は同量か、麦二に大豆一の割合とする。麹は白く花が咲いたような状態がよいとされ、この段階になると塩を混ぜて繁殖を止める。この麹を保存し、新大豆を収穫した一〇月に仕込みをする。煮た大豆を熱いうちに手杵でつき、塩を加えてさらについて、大豆が冷めると麹を混ぜる。さらに手杵でつき混ぜ、樽に入れる。味噌樽に入れてからも空気を抜くためさらに手杵でつく。樽の上面には塩を敷き、さらし木綿をかぶせる。その上に重石をしてから蓋をする。

地域ごとの違い　ここまで、全国における自家製味噌を見てきた。麹の原料が米、麦、大豆など各種あることがよくわかる。麹菌の苗床になればどのような穀類でも麹にすることができる。そして、この麹により味噌の味が決まることになる。一方、製法を見ると、地域ごとの特徴がでている点がいくつかあることに気がつく。全体としては、西日本と東日本の違いともいえるが、それだけで整理はできない。この違いで目立つ点としては、一つは煮た大豆の潰し方である。東日本は、桶に広げ、藁靴で踏み潰す。これに対して西日本では臼を使い、杵で潰す。もう一つは、アメの利用である。大豆の煮汁をアメと呼び、これを仕込みの水に加える例が西日本に散見される。こうした東西の違いは、気候による面もあると思われるが、詳細は不明である。その中で、地域性がでるものとして、仕込みの時期と、味噌玉の存在がある。以下、これらの点を中心に自家製味噌の特徴を見てみよう。

仕込みの時期　発酵食品である味噌は腐敗と紙一重であり、雑菌の繁殖をどのように抑えるかが重要となる。北日本で寒《かん》の時期に味噌を仕込むことが多いのは、寒い時期ほど空気中の菌類の繁殖が弱いためである。自家製の味噌を作るに当たり広く聞ける言葉にミソニ（味噌煮）がある。味噌煮は大豆を煮る日である。大量の豆を煮るのであるが、この日自体が行事日になっている例もある。東日本では年明け、一月から三月が味噌煮の時期で、二月八日としている例が多い。一方、西日本では年末、一一月から一二月、大豆の収穫後に時をおかず味噌煮を行う。発酵をどの時期に迎え、温度が上がる夏場をどのように迎えるか、ということで味噌煮の時期は大別されている。

味噌煮は日が決まっている例が多いが、この味噌煮に合わせて麹の仕込みを行う。麹の仕込みは味噌煮の日より逆算することになるが、前項で見たように味噌玉を作るか否かにより異なる。味噌玉を作らない場合は味噌煮に先立って麹を用意する。元麹を購入し、米、麦と混ぜて作る。麹菌を高温多湿下で繁殖させる麹作りでは、麹の繁殖をどの程度行うかが重要で、その成長具合は味噌の味に大きな影響を与える。事例7のように多くは麹が完成するとそのまま仕込みに入る。逆に事例5や事例8のように、事前に麹を作り、塩を振りかけて成長を止めて保存する例もある。

一方、事例3のように、味噌玉を作る場合は、煮た大豆で味噌玉を作り干して乾燥させる。この期間に麹を作ることになる。味噌玉を干す期間もさまざまで数週間から数か月と幅がある。詳細は次項で述べるが、味噌玉の持つ役割によりこの違いが生じる。

味噌煮をする時期は単純には季節の問題であるが、同時に豆を煮るのによい時期と、仕込むのによい時期との関わりで、その間を埋める味噌玉作りなどが加わり、製法が形作られているのである。

味噌玉の形状　自家製の味噌が醸造業の製法と最も異なるのが味噌玉を作る点である。蒸煮した大豆を潰し熱いうちに丸めたものが味噌玉である。熱いうちに潰し、丸めないと固まらないため、潰す作業と煮た大豆が発する熱で、味噌作り中、最も肉体的に大変な仕事とされる。味噌玉の大きさはさまざまで、事例1のようなソフトボールを一回り小さくしたような大きさから、事例にはあげていないが、ピンポン球大のものまである。また、形状も釣り鐘型、箱形、球形とさまざまである。味噌玉の外形は統一されない。味噌玉を作る例は東日本に多く、西日本では事例7のように大きな塊にしてムシロの上で乾燥させる例はあるが、玉にして吊す例は少ない。

味噌玉の作り方　一方、味噌玉の製法はいくつかにグルーピングできる。第一は大豆の潰し方である。煮た大豆を潰す際に半切りに大豆をあけ、藁靴をはいて踏み潰す。藁靴は新品をおろすことが共通する。踏み潰さない場合は、つき臼や唐臼を使ってつき潰す。その後、藁紐を使って干す。味噌玉に藁紐を使って干すことはほぼ共通する事項である。

味噌玉は、団子にすることで内側を無酸素状態にして、乳酸発酵を促すために作られる。事例2や事例4、事例6に見られるとおり、味噌玉に敢えてカビを生えさせる。味噌玉のカビは意図的に付けたものである。味噌玉の表面のカビは大気中のカビを繁殖させる。ここで重要なのは吊すための藁の存在である。藁にはさまざまな微生物が付着している。こうした微生物を使って麹を育てることになる。表面に付くカビは、仕込む際に洗い落とすため、これは表面に膜を作るために必要なカビである。そして、カビにより内部が無酸素状態になり乳酸発酵が進むことになる。大豆中に乳酸を増やすことで、麹による分解が促進され、その後の仕込みに際してうまみのでる味噌ができあがる。事例3や事例7の味噌などが典型である。

一方、事例1や事例2で作る味噌玉は、藁靴で潰し、さらに味噌玉に食い込むように藁紐が縛られ乾燥させる。これらは藁についている天然の麴菌を増殖させる目的である。こうした例では、麴を別に用意せず、味噌玉に繁殖した天然麴により仕込みに際して発酵を促す。味噌玉の天然麴は、種麴を繁殖させた麴ほど糖度が出るものではなく、麴としては力の弱いものである。ただ、麴屋から種麴を購入する必要がないことから、どこの地域でも自家醸造が可能な製法であった。この点から、もっとも古い素朴な製法であるものと考えられている（畑　一九九八）。味噌玉だけで仕込んだ豆味噌は麴菌自体の量が少ないことから、非常に塩辛かったという話である。

5　自家製の醬油

讃岐における製法　味噌《みそ》と比べて醬油《しょうゆ》は自家製されることが少ない。これは仕込み後の管理が大変なためと説明されるが、それ以上に、一九〇〇年（明治三三）に酒税法が改正され自家醸造醬油に対しての課税措置が開始されたことの影響が大きいものと考えられる。『讃岐の醬油づくり』（四国民家博物館研究所編　一九八七）によれば、そうした状況の中でも、明治時代末ごろに平野部で四〇％、山間部で八〇％の農家が自家醸造を行っていたとあり、昭和二〇年代までは自家醸造が続けられていたとする。自家消費分程度の醬油であれば、課税分を差し引いても自ら醸造したほうがよかったものと考えられている。

前掲『讃岐の醤油づくり』では自家製醤油の製法について大蔵永常《おおくらながつね》の『広益国産考《こうえきこくさんこう》』を引用し、その製法用具は讃岐《さぬき》で採集されたものと同じであるとする。その製法を引用すると以下の通りである。

大豆を蒸煮したものと小麦を炒り砕いたものを混ぜ、納屋《なや》の隅などに筵《むしろ》を敷いて広げて麹《こうじ》を作る。桶《おけ》や四斗樽《しとだる》に麹と塩水を混ぜて仕込み、櫂《かいい》入れなどの手を加えて一年間熟成させる。桶の中に竹で編んだ円筒の簾《すだれ》をたて、その中に湧出した液をシャクで汲み取り、残りの諸味《もろみ》は袋に入れて小型のオシブネで圧搾し、その液に火入れをして澱《おり》をとるという方法である。

そして、同報告によれば、こうした製法は古い技術をそのまま受け継ぐ製法であるとする。火入れにより腐敗防止は図られるが、砂糖やザラメ、カラメルなどを使った味つけや色つけを行わず、大豆と小麦、麹のみで作る方法は非常にシンプルな製法である。

宮城県での製法　自家製醤油の製法については、宮城県本吉《もとよし》郡本吉町（現気仙沼《けせんぬま》市）小泉の報告がある（東洋大学民俗研究会編　一九八二）。小泉では大豆と小麦を一対一の割合で用意し、蒸し大豆と炒り小麦、塩、麹、水を桶に入れ、攪拌しながら熟成する。半年ほどたつと諸味が熟成する。諸味から搾り出した液に砂糖を加えて澄ませ、色に深みを与えるためにカラメルを入れる。砂糖やカラメルで風味や色を整えるのは、殺菌のために火入れをしたあとに行う醸造業者の技術であり、こうした技術が民間でも行われていたことを示している。一方で、各地で調査をしていると、自家製の醤油は塩っ辛いばかりで、全然おいしくなかった、という話をよく聞く。味噌に比べると発酵による風味がでにくく、これが自家製醬油の醸造が広がらない理由かもしれない。

讃岐の自家製醬油では醸造に使用する道具も、醸造業者のものを小さくしたものが用いられるとされる。本吉でも基本的に同様であったようであるが、機械が必要な圧搾作業については、シボリヤサンと呼ばれる業者に頼むこともあった。また、麴を麴屋から購入する例や、数軒が共同で醸造する例もあり、醬油醸造は味噌醸造よりは外部の手を借りることが多い。

6　味噌、醬油の地域差と規格化

発達の違い　大豆発酵調味料として、同じ起源を持つ味噌《みそ》と醬油《しょうゆ》のあり方を製造の観点から紹介してきた。大豆、小麦、麴、塩、水という原料では、醬油と麦味噌は全く同じになる。一方で、麦味噌という書き方にこそ味噌と醬油の大きな違いがある。味噌麴《こうじ》の原料は麦だけではなく、米、大豆と多様である。そこには原材料となる穀類の入手の難易が味噌の種類を生み出した可能性もある。また、米麴に使う米は、粒のそろったものを使うと蒸煮に先立つ漬し作業が安定するが、コスト面などから基本的に出荷できないようなくず米を用いたということである。原料の入手しやすさにより米味噌が広く流通しているともいえる。

しかし、それであれば醬油もまた、地域ごとの変化があってしかるべきであるが、そうなっていないところに特徴があろう。醤油は伝説的な話も含め、紀州湯浅《きしゅうゆあさ》を発祥としているという、共通する起源を有する。そして、専業の醸造業者による醸造から出発したという経緯も加わり、全国的に統一された醸造法が早くに確立したことが、多様性が生まれなかった背景にあるのであろう。

味噌も寺での食べ味噌から発展し、都市から流通したという成立の経緯を考えれば、業者による醸造から出発したものと思われる。少なくとも中世において、麴菌の管理は現在よりもはるかに困難であったことが想定され、その点でも業者による醸造から出発したのであろう。しかし、その後は全国各地に広がり、各地の材料と結びつき、気候や嗜好による味が生まれていった。こうした点で味噌と醤油は全く異なる展開をたどってきたのである。

現在の味噌と醤油　最後に現在の味噌、醤油の状況を紹介しよう。平成になったころから、味噌、醤油ともに地方の小規模醸造所の地域性にあふれ、また少量ながら丁寧な製品に注目が集まるようになってきた。大手醸造所にない、地域の特徴をもった味などから人気を集めている。一方、大手醸造所は、醸造面において大きな変化が見られた。特に戦中期に行われた味噌、醤油の配給品指定、そして原材料の統制、中でも味噌、醤油に必須の大豆や米、麦といった穀類の統制は原料の変更と、それを補うための添加物の開発に繋がった。例えば前者では、小麦の使用が禁止され、醤麦《しょうばく》と呼ぶ小麦粉製粉の際にでるくず部分を使用するようになり、大豆も大豆油を搾汁したあとの大豆粕が使われた。そのため、うまみ、味、香りのいずれにおいても品質の低下を招いた。そうした品質の低下を補うため、合成甘味料の使用などが行われた。味噌、醤油に限らず、戦中のこうした品質の低下とそれを補う人工添加物の利用は、伝統的な調味料自体の魅力を下げる結果となった。

逆に、そうした状況へのアンチテーゼとして、現在の伝統的な製法を維持した味噌、醤油、その他の調味料の「再発見」に繋がっているのであろう。もちろん、大手醸造業者も近年では添加物を加えない醤油醸造が一般的になっている。アジツケなどの作業は行われなくなってきているが、それは、技術や機器の向上によるものでもある。

味噌にしても醤油にしても、基本的な工程は共有されつつ、原料の配合や醸造期間により個性を持った風味が与えられる調味料である。それは、材料の地域性と、ここに嗜好が入り込む余地があることを示している。これこそが味噌、醤油の特徴なのである。

参考文献

石川寛子・市毛弘子・江原絢子　一九八九年『食生活と文化―食のあゆみ―』弘学出版
石毛直道　二〇一五年『日本の食文化史―旧石器時代から現代まで―』岩波書店
井之口章次　一九九八年「味噌の魅力」芳賀登・石川寛子監修『全集日本の食文化第五巻　油脂・調味料・香辛料』雄山閣出版
岩城こよみ　二〇一六年『味噌の民俗―ウチミソの力―』大河書房

四国民家博物館研究所編　一九八七年『讃岐の醬油づくり』四国民家博物館
仙台市教育委員会編　二〇一〇年『仙台市文化財調査報告書第三七五集　仙台味噌』
東北歴史資料館編　一九八一年『東北歴史資料館資料第四集　南川の民俗』
東洋大学民俗研究会編　一九八二年『小泉の民俗』
農山漁村文化協会編　二〇〇三年『聞き書ふるさとの家庭料理第16巻　味噌　豆腐　納豆』
畑　明美　一九九八年「日本人と豆食文化―とくにダイズを中心として―」芳賀登・石川寛子監修『全集日本の食文化第三巻　米・麦・雑穀・豆』雄山閣出版
林　玲子　一九九八年「大正・昭和初期のキノエネ醬油」芳賀登・石川寛子監修『全集日本の食文化第五巻　油脂・調味料・香辛料』雄山閣出版
湯浅町教育委員会編　二〇〇一年『紀州湯浅の町並み』
和歌山県教育委員会文化財課編　一九九一年『和歌山県の諸職―諸職関係民俗文化財調査報告書―』

塩と砂糖——白い結晶への憧憬——

今石みぎわ

1 対照的な調味料

塩と砂糖は同じ白い結晶でありながら、どこまでも対照的であった。塩辛い、甘いという味の対比はもちろん、日本の調味料の中でもっとも古い歴史をもち、生命の維持に不可欠であった塩に対し、もっとも歴史が新しく、長らく贅沢な嗜好品と考えられていたのが砂糖であった。

しかし塩も砂糖も、私たちの食の欲求を満たし、時にこのうえない生きる喜びをもたらしてくれるものであったことは間違いない。

2　塩と日本人

命の糧としての塩とその呪力　人は常に塩を摂り続けなければ生きていくことができない。消化吸収や細胞の維持など、塩は身体機能の維持に欠かすことができないからである。「塩噌《えんそ》の銭に困る」「米塩《べいえん》の資」とは必要最低限の生活費（とその欠乏）を示す表現であり、塩や味噌《みそ》をきらすと家運が傾くとか、貧乏をするといって戒める地域もあった。塩は、生存・生活にどうしても必要なものの筆頭であった。

穀物や野菜、海藻など植物性食物への依存度が高かった日本の伝統的食生活においては、特に塩への欲求が高かった。動物性食物を中心とした食生活では、鳥獣や魚の内臓や骨髄に含まれる塩分を摂取することができるが、植物はそれ自体にほとんど塩分を含まない。加えて、植物性食物に多く含まれるカリウムの過剰摂取が問題となる。カリウムとナトリウム（塩分）は人体の細胞の内液と外液の主成分であり、両者のバランスが崩れると生命の危機に陥るからである。近世、たび重なる飢饉《ききん》に襲われた東北で、一関藩《いちのせき》（岩手県）の藩医建部清庵《たけべせいあん》が飢饉への対処法を示した『民間備荒録《みんかんびこうろく》』（一八世紀半ば）では、飢饉で人が死ぬのは飢えからだけではなく、山野の草木を塩もつけずに食べるためであり、飢饉のときの第一の毒消しは塩だと説いている。植物性食物を多く摂取する日本の食において、塩はまさに命の糧だったのである。

塩はまた、さまざまな儀礼やまじないにも用いられてきた。神饌《しんせん》として塩を神に供えたり、場を浄めるために用いたりする風習は広くみられ、葬儀の後、新築の棟上げの際、力士の土俵入りや招かれざる客人が去った後などに、塩を撒いたり盛り塩をして浄める風習は現代にも生きている。塩を用いた民間療法も津々浦々にあった。塩を入れた水や湯を飲む、虫歯につける、塩風呂に入るなど、これらの療法の肝は、塩が身体に与える物理的な作用と、塩の呪力に裏づけられた心理的作用の両面にあったと考えられる。正月はじめの市で塩を買う習慣も各地にあった。たとえば長野県松本市の塩市（現在ではあめ市と呼ばれる）では、買い求めた塩を正月一五日の小豆粥《あずきがゆ》に入れると一年間息災に暮らせるとか、この塩で味噌を仕込むと味が変わらぬなどと伝えている。

こうした塩の力は、塩が命の糧であることへの認識に加え、塩がもつ防腐作用に対する人々の驚きと信頼に裏付けられたものと考えられる。塩は大きな浸透圧で野菜や魚介類の水分を引き出して腐敗を防ぎ、また発酵をコントロールする役割も果たす。このため、塩漬けした食品はいつまでも腐らず、形を保っていられるのである。

塩の力を考えるうえでは海との繋がりも見逃せない。日本では内陸部の塩井《えんせい》や塩泉《えんせん》はごく限られており、多くの人にとって、塩はいつも海からくるものであった。このため、塩気のあるものを捨てる時の作法として、「海に帰すために必ず流れに捨てる」（秋田県由利郡笹子《じねご》村〈現由利本荘市〉）、「誤って塩を地面にこぼすと、塩は泣き泣き三年もかかって元の海に戻るので水をかけて丁寧に謝る」（愛知県豊田市挙母《ころも》地方〈現豊田市〉など、塩と海に関わる伝承が各地にあった（アチック・ミューゼアム　一九三二）。日本人にとって「しお」は、塩であるとともに潮・汐であった。海に入って心身を浄める潮垢離《しおごり》のように、塩の浄化作用は「潮」がもつ浄化作用にも通じているのである。

日本の製塩の歴史　さて、私たちはどのようにして塩を手に入れてきたのだろうか。最も古い時代には海水をそのまま調理や加工に利用したと考えられるが、貯蔵や運搬を考えると、塩分だけを採り出して結晶化させ、いわゆる塩の状態にするのがだんぜん便利である。日本のように降水量の多い地域では、太陽熱で水分を飛ばす天日製塩は向かなかったため、塩分濃度を高めた鹹水《かんすい》をまず作り、それを煮詰めて塩を得る方法が一般的であった。

図１　藻塩焼き製法で復元した塩とホンダワラ（広島県呉市上蒲刈島）　干したホンダワラを海水に浸した後、ホンダワラの焼き灰を投入して濃い鹹水をつくり、煮詰める。

こうして海水を煮詰めるための製塩土器はすでに縄文時代後期の東北地方で出土しており、弥生・古墳時代には九州までの各地で大量にみられるようになる。古い製塩法には、鹹水を作らずに海水を直接煮詰めて水分を飛ばす「直煮《じきに》製塩」や、『万葉集《まんようしゅう》』に「朝凪《あさなぎ》に　玉藻《たまも》刈りつつ　夕凪《ゆうなぎ》に　藻塩《もしほ》焼

図2　塩田と枝条架（山口県周防大島町小松、1971年宮本常一撮影、周防大島文化交流センター提供）　17世紀末に入浜式製塩から始まったとされるこの地の製塩も1971年（昭和46）で終焉を迎えた。

きつつ　海少女《あまをとめ》」（第六巻九三五）と歌われた「藻塩焼き」がある。藻塩焼きの製法には諸説あるが、海藻に付着した塩を海水に溶かすことで塩分濃度の高い鹹水をつくり、これを煮詰めたものと考えられている（図1）。

中世になると「塩の田」を使ったより規模の大きな製塩が行われるようになる。「揚浜《あげはま》式製塩」と呼ばれ、海の水を塩浜まで運び揚げて撒き、塩が付着した砂を煮詰めて濃い鹹水をつくる。これを一昼夜、釜《かま》で煮詰めて塩を得る方法だ。重たい海水を何度も塩浜へ運んでは撒き、夜通し釜を焚くのは大変な重労働であった。

やがて近世には、潮の満ち引きを利用して海水を自動的に導く「入浜《いりはま》式製塩」が本格的に始まり、海水を運ぶ作業がなくなった分、労働力の軽減と生産性の向上が実現した。特に瀬戸内では、干満差があり降水量も少ない気候風土を活かし、いち早くこの方式を導入して大規模な塩田が発達した。こうして入浜式製塩は長らく日本の製塩の主流となったのである。

一九〇五年（明治三八）には政府による塩の専売制が敷かれ、塩の生産や流通、販売は国による管理下におかれることとなった。国の管理のもと、一九五二年（昭和二八）には流下式製塩法が採用され、従来の入浜式製塩は姿を消すことになる。流下式製塩は、ポンプでくみ上げた海水を流下盤《りゅうかばん》や枝《し》条架《じょうか》に掛け流し、太陽熱や風の力によって水分を飛ばすというもの。濃い鹹水を作って煮詰める方式は揚浜式や入浜式と同じながら、労力は一〇分の一に、生産量は倍以上になった（図2）。さらに、一九七二年以降はイオン交換膜による製塩法に全面転換される。イオンと電気エネルギーを利用して塩をつくる方法で、広大な塩田も不要、天候にも左右されず、効率的に純度の高い塩が生産できるようになった。

3　専売制以前の塩と暮らし

塩への渇望と塩をめぐる営み　国による塩の専売制は一九九七年（平成九）まで続き、塩の品質保持や安定供給に大きく貢献した。しかし、塩に関わる文化を育んだのは、むしろ塩をめぐる不自由さであり、その欠乏であった。どれだけ人里離れた山奥でも、人が暮らしていく限り塩は欠かせない。それゆえ、塩を求める人々の思いは切実であった。欠乏こそが交流や知恵を生み、豊かな文化を育んだのである。

製塩法でいえば、専売制以前から主流であった入浜《いりはま》式のほかに、列島の各地には気候風土にあわせ

図3　揚浜式製塩における塩撒き（石川県珠洲市、1961年宮本常一撮影、周防大島文化交流センター提供）　粘土と砂で塗り固めた塗浜（ぬりはま）に海水を霧のように均一に撒く。熟練を要する作業で「潮撒き10年」といわれた。

た多様で小規模な製塩がみられた。そのひとつが中世以来の揚浜《あげはま》式塩田で、潮の干満差が小さく日照時間の短い日本海側や、太平洋岸の外海に面した波の荒い海岸では遅くまでこの製塩法がみられた。特に能登《のと》半島の突端にある珠洲《すず》市では、明治以降の専売制の時代も許可を得て製塩を続け、観光塩田として、また文化財として今日まで技術をつないでいる。最も塩が採れるのは天候の安定する七月二〇日頃から八月いっぱいまでで、盛夏なら一晩で約一〇〇キロの塩がとれるという（図3）。

北東北や九州では、鹹水《かんすい》を作らずに、海の水をそのまま煮詰める「直煮《じきに》」が遅くまで行われた。蒸発した分の海水を常に継ぎ足し、塩が結晶化するまでひたすら焚き続ける製法で、大量の塩木《しおき》（塩を焚くための木）を必要とした。決して効率的とはいえない製法だが、岩手県九戸《くのへ》郡野田村などでは塩木が豊富にあったことや、古くからの鉄の産地で塩を焚く鉄釜《てつがま》が入手しやすかったことなどにより、専売制が敷かれる明治期まで直煮製塩が続けられた。こうして作られた塩は牛《べこ》の背に負われ、岩手県内はもちろん、遠くは秋田県の鹿角《かづの》地方まで運ばれ、稗《ひえ》や粟《あわ》などの穀物と物々交換された。明治三〇年代、遠く秋田まで行商に行くと、塩一升（約一・八リットル）が米三升に化けたこともあったという（野田村村誌編纂委員会　一九八一）。耕地が少なく冷害の多いこの一帯では、塩はすなわち穀物だったのである。

こうして、塩をどうにか入手したいという欲求が塩を運ぶための「塩の道」を列島中につくりあげ、そこを行商人や塩を運ぶ牛が闊歩した。生存に欠かせない塩を扱う商人は特別な力を持つと考えられた例も多く、佐賀県伊万里《いまり》市では売買関係を結んだ塩の行商人を特別に「塩親類」と呼んだ。鹿児島県では子どもの名づけを塩売りに託し、祝儀《しゅうぎ》に塩一升をもらう地域もあった（宮本　一九七〇）。

山間部と海辺の人々が、塩を穀類や塩木と物々交換する慣行も広くみられた。特に塩木の確保は重要な問題で、近世以降の効率化された入浜式製塩であっても、塩田面積の七五倍もの山林が必要だといわれたほどであった（廣山　一九八三）。東日本の各地では、より古い形態として山の民が塩木を持って海辺まで降り、自ら塩を焚いたとも伝えられ、瀬戸内海では無人島を薪島として属島にした例もあった（宮本　一九七七）。海水をひたすら煮詰める日本の製塩の歴史は、塩木確保の歴史でもあったのだ。

さまざまな塩のかたち　塩が不自由だった時代、塩がしばしば魚を介して運ばれたというのもおもしろい。特に海から遠い山間地域では、白く粉ふくような塩辛い魚が好まれた。それは単に魚の保存のためだけではなく、魚の腹から直接塩をとったり、汁に入れて塩気を得るためであった。宮本常一は広島や山口の漁師たちが対馬《つしま》近海へ出漁する際、山口や博多で大量に塩を仕入れてから漁場に向かい、釣りあげた魚をその場で塩漬けにしたことを聞き取っている。下関《しものせき》から上方へ送るものは味をよくするために塩を薄くしたが、大川（福岡）や八代《やつしろ》（熊本）に送る魚についてはあえて塩を濃くした。それは、これらの魚が筑後川《ちくごがわ》や球磨川《くまがわ》をさかのぼって九州山地へ運ばれたからである（宮本 一九七〇）。正月魚《しょうがつざかな》として一般によく知られた東日本のサケ、西日本のブリも、やはり塩魚として広く流通したものであった。

塩の質もかつては異なっていた。一九七二年（昭和四七）から開始されたイオン交換式製塩による塩はさらさらの精製塩であり、その九九％以上は塩の主成分である塩化ナトリウムから成っている。一方、精製塩以前の塩は粗塩《あらじお》などと呼ばれ、にがり（苦汁）を含んでしっとり濡れた塩であった。にがりの主成分は塩化マグネシウムで、これを含むと塩は苦くなるが、塩が入手しづらい山中の村ではわざわざにがりを多く含んだ「悪い塩」を好んだという。安いというだけでなく、にがりを豆腐づくりなどに使うためである。塩からにがりがぽたぽた垂れるので、塩俵《しおだわら》の下に樽《たる》や木製のニガリ舟を置いてにがりを受けたり、塩を専用のザルやカゴに移し、滴ったにがりを樽などで受けたりして溜めておく。それを自家製の豆腐に用いたり、豆腐屋にやって豆腐や麹《こうじ》と交換したりするのだ。また、にがりで漬け物を漬けたり、種子の塩水選（塩水に入れた種の浮沈で質を判断する選別方法）や肥料、防腐・防虫剤に用いた地域もあった。

にがりを含む濡れた塩は、焼塩《やきしお》という食べ方も生んだ。焼塩はすでに古代から作られており、焼くことによりさらさらでまろやかな味になるため、主に贈答品や献上品、土産物として用いられた。近世には各地の塩の生産者によって製造・販売もされたが、家庭においても鍋《なべ》で塩を煎ったり、囲炉裏《いろり》の上に吊り下げて焼塩を作ったことが報告されている（廣山　一九九七、アチック・ミューゼアム　一九三二）。ゴマとともに赤飯にかけるのは、主にこの焼塩であった。

4　塩の食利用とその東西

味噌と保存食　宣教師ロレンソ・メシアは一六世紀後半の日本人の食生活について、日本人は果物や甘いもの、油、酢や香料が加わったものなどは食べず、ただ塩のみで味をつけ、塩が「食料品」である地方もある、と記している（『イエズス会日本年報』）。塩は当時、日本の食におけるもっとも一般的な調味料であったらしく、小さな皿に塩を盛って食卓に出し、これを嘗《な》める「手塩」の習慣があったことも、中世の文献などから知ることができる（廣山　一九九七）。

一方、その実態がある程度わかっている近代以降の庶民の食事についてみると、調味料としてそのまま塩を利用する例はごく限られており、大半は味噌《みそ》などの塩味調味料の加工と、野菜や魚の塩漬けに用いられた。

たとえば昭和初期の塩の利用状況として、秋田県由利郡笹子村《じねご》（現由利本荘市）では、一〇人家族で年間一石（約一九〇キロ）の塩が必要で、その内訳は味噌用に七斗、漬け物用に三斗であった。長崎県のある村では五〜八人家族の家で、塩は年間三斗ほど（約五七キロ）、味噌と醬油《しょうゆ》に二斗、残りの一斗は漬け物や魚の塩蔵など保存用に用いると報告されている。塩の購入も、かつては味噌の仕込み時期や漬け物を漬ける時期に集中していた。長野県下伊那《しもいな》郡天竜村のように、塩を三月（味噌仕込みの季節）に買い、夏中かけてにがりをとり、これを秋の漬け物用に用いたという地域もある（以上、アチック・ミューゼアム　一九三二、瀬川　一九七六）。

塩を用いた調味料の代表は味噌や醬油である。特に味噌は、日本人にとってもっとも親しみ深い調味料であり、各家で醸造された「手前味噌」は家の自慢ともなり、主婦権の象徴ともなった。味噌や塩辛《しおから》などの原型と目される醬《ひしお》が、実は食塩保存のために作られるようになったという説もあるほど（樋口　一九六〇）、味噌には大量の塩が入る。その塩分含有量は地域や時代によって異なるが、かつて自家醸造していた時代には「三合塩」「五合塩」や「八合あわせ」などといって、大豆一升（約一・二キロ）に対する塩の割合が決まっていた場合が多い。一九七五年（昭和五〇）のアンケート調査（日本塩業研究会民俗部会実施）によれば、六〜七合塩というのもざらで、多いものだと「八合あわせ」（宮城県栗原郡栗駒町《くりこままち》〈現栗原市〉）というのがある。いま私たちが口にする市販の味噌の塩分含有量はせいぜい五〜一三％ほどであるが、自家製味噌の塩分濃度は三〇％前後というものも少なくなく、八合塩にいたっては四〇％を超える。相当に塩辛い味噌であった。

また、塩の保存性を活かした加工品といえば漬け物であり、野菜、山菜、キノコ、肉、魚と、漬けられるものはなんでも塩漬けになった。特におもしろい展開をみせたのが魚の塩漬けで、はるか内陸部まで運ばれた塩魚のほかに、沿岸地域を中心に各地で魚醬《ぎょしょう》や塩辛などが作られた。たとえば秋田の塩汁《しょっつる》は、マイワシやハタハタなどの生魚に大量の塩を加えてつくったもの。これらは単に保存がきくというだけでなく、発酵作用によって独特の風味が生まれ、調味料としても珍重された。

塩利用の東西　塩は生命維持に不可欠なものであることから、毛細血管に血液がいきわたるように、どんなに山深い地域にも運ばれていった。そのため塩の利用には、次にみる砂糖ほどの地域差はみられない。ただし食の平均化が進む前は、一般に北関東以北の地域では塩分摂取量が多かったようだ。それは、味噌や漬け物の形で塩が大量消費されたことを意味している。また、都市と農山漁村との比較でいえば、農山漁村のほうが塩分消費量は多かった。自給率が高く味噌や漬け物の自家製造が多かったことに加え、肉体労働によって流出した塩分を補うためでもあった。

東北地方では、味噌は汁として著しく消費された。一九四六年（昭和二一）の調査では、秋田県仙北市檜木内《ひのきない》では味噌汁を一ヶ月に一〇〇回前後、角館《かくのだて》の周辺でも六〇回前後飲むという報告があり、檜木内では三食に毎回つくどころか、間食にも味噌汁を飲んだことがわかる（宮本　一九七七）。また近世後期の紀行家菅江真澄《すがえますみ》は、一八世紀末、青森県下北半島の山中で「山子」たちの「こっぱみそ」

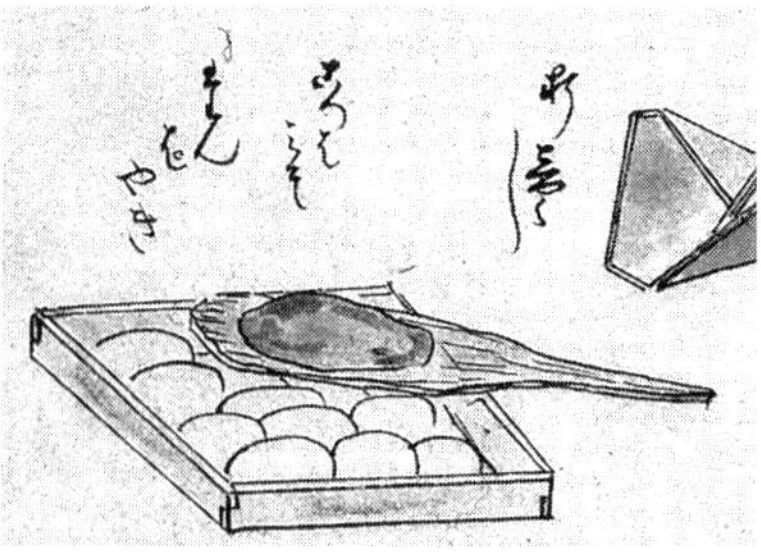

図4　こっぱみそとたんぱ焼（部分、菅江真澄「奥の手風俗」より、秋田県立博物館所蔵写本）

を記録している（「奥《おく》の手風俗《てぶり》」）。それは板切れに壁のように厚く味噌を塗ってあぶったもので、特に激しい労働をこなす林業従事者たちが、おかずとしてそのまま味噌を嘗めたのであった（図4）。

東日本、ことに東北地方以東の寒い地域で塩分摂取量が多かったのは、冷凍・冷蔵技術や流通網が未発達の時代に、冬期間や凶作時の食糧を大量保存しておく必要があったことに一因がある。加えて、東日本を覆う広葉樹林帯では、照葉樹林帯に比べて山菜やキノコ、木の実などが非常に豊富で、しかもそれぞれの旬がごく短い期間に集中する。これらを無駄なく利用するためには、どうしても塩漬けを含む保存技術が必要であった。たとえば、一九八五年にダム建設のため集団移転した新潟県村上市朝日地区の奥三面《おくみおもて》は、かつてマタギの集落としても知られ、一年の半分近くを雪に覆われて過ごした地域である。ここでは初春から晩秋にかけて、八〇種以上の山菜やキノコ、木の実が採集され、そのうち三五種が塩漬け、三〇種が乾燥によって保存されたと記録されている。こうした「山のもの」に加え、野菜や川魚なども塩漬けされた。四人家族の家では、塩漬けだけで一冬にたくあん四〇キロ、ワラビ・白菜・イワナが各二〇キロ、野沢菜・ナスとキュウリ・ゴボウアザミ・ウド・コゴメが各一〇キロ、大根葉が七キロ、フキ・ミズが各五キロなどといった調子で、大量の食料が保存された

（民族文化映像研究所　一九八四）。人々はまさに塩によって命をつないできたのである。

5　砂糖と日本人

日本における砂糖の歴史　塩が人類史の中でつねに必需品であったのに対して、砂糖が贅沢品であった時代は長かった。一七一三年（正徳三）、江戸時代中頃の砂糖消費量は、年間約二、五〇〇トン。当時の人口を三〇〇〇万人程度とすれば、一人あたり年間たった八四グラムの計算になる（鬼頭　二〇〇八）。砂糖の消費量がピークを迎えるのは一九七四年（昭和四九）で、一人あたり年間二八・一キロであったから、当時砂糖がどれだけ貴重品であったかがよくわかる。

その贅沢品であった砂糖は、いまや私たちの日常生活にしっかり根づいている。特に、日本では砂糖が料理の基本的な味付けのひとつになっており、欧米諸国で砂糖がもっぱら菓子やデザートの原料として用いられるのとは対照的である。砂糖は、その決して長くはない歴史の中で、驚くほど急速に日本人の食生活に浸透していったのである。

日本における砂糖の記録は奈良時代までさかのぼる。七五六年（天平勝宝八）、東大寺の大仏に献納された薬種《やくしゅ》の目録『種々薬帳』に「蔗糖《しょとう》」とあるのが今日でいう砂糖である。砂糖の代表的原料であるサトウキビはニューギニア原産といわれる熱帯性植物であり、当時の日本にはサトウキビの栽培技術も、製糖技術もなかった。そこで稀少で高貴な船来品であった砂糖は、一部の限られた貴族層によって薬種や神饌《しんせん》、贈り物として用いられたにすぎなかった。

室町時代になると、文献上に「砂糖饅頭《まんじゅう》」や「砂糖羊羹《ようかん》」の記述がみられるようになり、この頃には砂糖が菓子の原料としても使われ始めたことがわかる。これらの砂糖菓子を支えたのは輸入砂糖であった。一六世紀半ばからの南蛮貿易や、それに続く唐船やオランダ船との交易は、カステラや金平糖《こんぺいとう》といった南蛮菓子の文化とともに日本に大量の砂糖をもたらし、その甘さで人々を魅了した。オランダ船の例では、江戸期の初め頃、輸入品総額の約一％にすぎなかった砂糖は、一八世紀中頃にもなると輸入総額の約三〇％を占めるほどの重要商品に成長していったという（八百　二〇一一）。

国内の砂糖需要が大きくなるのにあわせ、国産砂糖生産への機運も高まった。日本ではじめて本格的なサトウキビ栽培と製糖が始まるのは一七世紀後半、薩摩《さつま》藩支配下の琉球《りゅうきゅう》である。薩摩藩は中国から製糖法を学んで島々に砂糖を作らせ、専売制を敷いた。はじめて大坂市場に黒糖を積み出したのは一七一三年のこと、以降、近世を通じて国内砂糖の筆頭として高いシェアを占め続けた。

一八世紀初頭になると幕府も砂糖の国産化を推奨するようになる。砂糖需要の増大によって、輸入砂糖の代価となる金属資源の枯渇や、海外流出への懸念がふくらんできたからである。こうして主に西日本の各地でサトウキビ栽培や製糖法の研究が本格化し、讃岐《さぬき》や阿波《あわ》の和三盆糖《わさんぼんとう》に代表される和糖の生産が試みられるようになった。

輸入砂糖に加えて国産砂糖も市場に出回るようになる頃には、砂糖は単なる菓子の原料ではなく、料理の調味料としても日常的に使われるようになっていたらしい。一八世紀末に著された工藤平助《くどうへいすけ》の『報国以言《ほうこくいげん》』には、輸入される砂糖の三分の一は菓子用になるが、三分の二は「下賤《げせん》の者之食料」や「なめ物」(半固形体の副食物)になること、「異国の物」である砂糖を、味噌《みそ》や塩と同然に、日用の「慰みの食物」にしていることなどが記されている。

明治にもなると、地方の庶民の間にも砂糖菓子がかなり広まっていた様子がうかがえる。「文明開化」直後の日本を旅したイギリス人旅行家イザベラ・バードは、関東から会津《あいづ》街道をぬけて新潟に到着した後の日記で、日本の菓子事情について「飴《あめ》や菓子がこれほど多くの店で売られているところをほかでは見たことがない」と綴っている。太鼓や犬などを粗糖《そとう》でかたどった素朴な菓子、豆を砂糖でくるんだ糖菓、米粉に砂糖をまぜて練った菓子、羊羹、カステイラなど種類も豊富で、同行した通訳の「伊藤」によれば、菓子はたばこのように欠かせないもので、酒を飲まない者はみな甘いものを欲しがるという。明治初年から大正期にかけては、庶民が食べる餅や饅頭の具も塩餡《あん》から砂糖餡へと変わる時期である(宮本　一九七七)。こうして砂糖は、近世・近代を通じて、菓子の原料としても料理の調味料としても、なくてはならない甘《うま》みとして日本社会に浸透していったのである。

現代に伝わる伝統的な砂糖づくり—黒糖と和三盆糖　砂糖はどのようにつくられるのだろうか。砂糖の二大原料は、サトウキビと甜菜《てんさい》(別名「砂糖大根」)である。このうち甜菜はいまでこそ砂糖原料として大きな割合を占めているが、その発見は一八世紀のドイツと遅く、日本においては大正期の北海道で近代的工業製品として製造が本格化されている。一方でサトウキビの利用は古く、遅くとも二〜三世紀頃のインドではサトウキビから砂糖を抽出する技術が確立していたと考えられている。

砂糖は大まかに分蜜糖《ぶんみつとう》と含蜜糖《がんみつとう》に分けられる。分蜜糖は砂糖の主成分であるショ糖をおよそ九五％以上まで抽出して精製したもので、今日の日本で最もポピュラーな上白糖や、菓子に使われるグラニュー糖がこれにあたる。一方、より歴史の古い含蜜糖は、製法や素材によってショ糖の含有量が五〇〜八五％程度と幅がある。このことは砂糖の味や形態、色が、地域によって多様性に富んでいることを示している。含蜜糖の代表格は黒糖である。ショ糖が約八五％で、残りはカルシウムや鉄などのミネラル分を含むことから、豊かで複雑な食味が特徴だ。

この含蜜糖は、サトウキビの搾り汁からゴミやアクなどの不純物を取り除き、Ph値の調整のために石灰分を加えて煮るだけという、いたって簡単な方法で作られる。しかし製法が単純だからこそ、ひとつひとつの工程に熟練した技と、経験にもとづく勘が必要とされる。

種子島の黒糖　いまでも伝統的な製法で黒糖を生産している地域のひとつが、種子島《たねがしま》である。種子島で公的に製糖が始まったのは文政年間（一八一八―三〇）だが、それ以前から自家製糖は行われていたと伝えられている。

種子島では黒糖づくりは砂糖すめと呼ばれ、冬の共同作業として行われる。作業はオーギ（サトウ

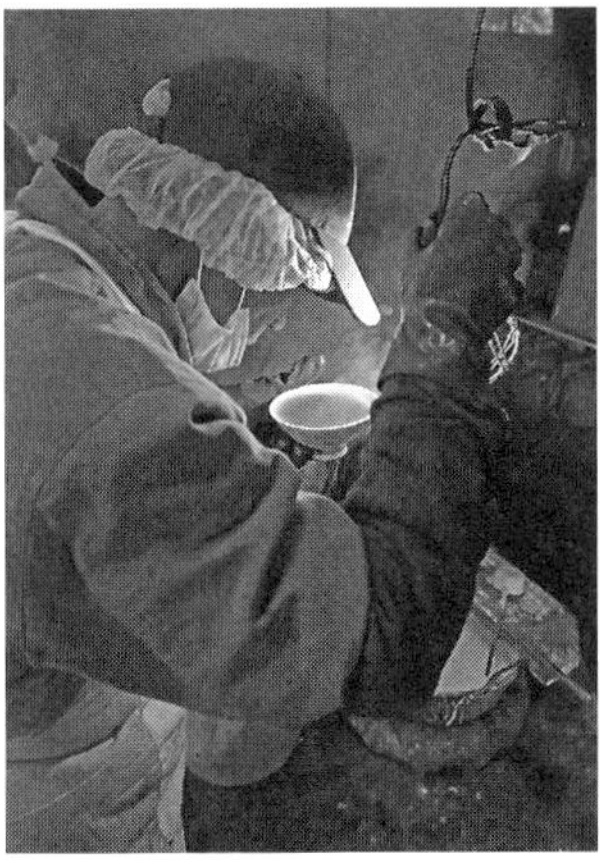

①黒糖の糖汁に石灰を入れるタイミングを、糖汁の色や浮遊物の状態を見て見極める。

②黒糖を三番釜からヒヤシ釜にあげる。

③黒糖を台にのばして切る。

図5　鹿児島県種子島での黒糖の製造

キビ）を搾り機にかけて薄緑色の糖汁を搾り出すところから始まる。質のよいオーギの汁はそのまま嘗めてもえぐみがなく、ほんのり甘い。それを、登《のぼ》り窯《がま》に並んだ三つの釜《かま》で順に焚きあげていく。一番釜でぐらぐらと煮て、浮いてきたアクを掬ってから、柄杓《ひしゃく》一杯ほどの石灰分を入れる（図5①）。二番釜、三番釜と移して煮詰めていくにつれ、糖汁は濃縮されて粘度があがるので、火加減を調整しながら焦げないように混ぜ続け、十分に煮詰めたタイミングで一気にヒヤシ釜にあげる（図5②）。空気を抱き込むように混ぜ続け、冷めきって固まらないうちに台に伸ばして食べやすい大きさに切ると、黒糖のできあがりだ（図5③）。上手にスメるとえぐみもなく、ほどよい甘さでいくら食べても飽きない。茶請けにもそのまま囓ったという黒糖は、調味料というより、もはや食品であった。

讃岐の白下糖と和三盆糖　黒糖とならぶ代表的な国産砂糖は讃岐や阿波でつくられる和三盆糖や白《しろ》下糖《したとう》で、その製造技術は寛政年間（一七八九—一八〇二）には確立されたといわれる（図6）。砂糖は塩、綿とともに「讃岐三白《さんぱく》」と呼ばれる重要産物となり、薩摩藩の黒糖に次ぐ高い生産力を誇った。

近世から砂糖の産地であった香川県東部地域には、現在でも和三盆や白下糖をつくる工場が点在している。白下糖の製法は基本的に黒糖と同じだが、アクなどの不純物をより丁寧に取り除く点に違いがある。搾ったサトウキビの汁に石灰分を加えてアラ釜（一番釜）で煮詰めるが、その際、目の大きさの違うスイノウ（あく取り）で何段階にもわけてアクを丁寧にすくいとる。その後、桶《おけ》に移して不純物を沈殿させ、その上澄みだけを中釜（二番釜）、アゲ釜（三番釜）で煮詰めていく。アゲ釜で十分に煮詰めたら、タイミングを見極めて飴色の砂糖をヒヤシガメに一気に移し、手早く混ぜてからそのまま冷ます（図7）。

この白下糖を精製すると和三盆糖になる。白下糖は、ショ糖の結晶のまわりを糖蜜がコーティングしている状態なので、これをできるだけ取り除き、より分密糖（白い砂糖）に近づけるのである。白下糖を麻布でくるんで上から重しを置き、時間をかけて糖蜜分を絞り出した後、少量の水を加えながら練りあげていく。この作業を繰り返すうち、だんだんと糖蜜分が分離され、白さが増していく。最後にふるいにかけて乾燥させるとできあがり。和三盆の名前は盆の上で三度練ることに由来するともいわれ、とにかく手間のかかる砂糖であった。

図6　できたての白下糖（香川県さぬき市）　少量でも甘みがよく効くので、菓子や煮物によく用いられた。

図7　白下糖をヒヤシガメに移す（同前）　ヒヤシガメは素焼きの甕で、この甕でないと砂糖がうまく結晶化しない。

和三盆は現在でも上品な甘味が特徴の高級砂糖として知られているが、白下糖はより安価な庶民の味として、近世以来親しまれてきた。白下糖の一大産地であったさぬき市津田では、こんな副産物の利用もあった。それは一日の作業終わりの「釜洗い」の湯で、鍋《なべ》にこびりついた白下糖が溶け出てとても甘く、これでおちらしなどを作ったという。おちらしは煎った裸麦を臼でひいて粉にし、白下糖の蜜で練ったおやつ。かつては麦の収穫期である初夏から秋頃まで、間食やご飯の足しによく食べられた。

6 砂糖食の東西

沖縄・奄美の黒糖文化　日本における伝統的な砂糖の食利用は、塩とは逆に西日本に中心があった。たとえば味の均質化が進む一九九〇年以前、白いご飯に酢・砂糖を加えてつくる寿司飯《すしめし》にも、比較的顕著な地域性があった。株式会社ミツカングループがすし用合わせ酢の砂糖重量と塩重量のバランスを調べた結果、砂糖重量が最も多いのが中四国や九州・沖縄、最も少ないのが関東・東北・甲信越という結果が出ている。また、砂糖重量では両者の中間に位置する東海地方は、砂糖に比して塩重量が少ないので、より甘みが強い味に仕上がっているという。こうして砂糖の食利用が西日本でより盛んだったのは、近世からの製糖の中心地が西日本にあったことや、輸入砂糖の窓口が長崎にあったためと考えられる。

日本列島の中でもっとも砂糖食が豊かなのが、黒糖文化圏である沖縄・奄美《あまみ》であろう。近世、黒糖は薩摩《さつま》藩の最重要産物として厳しく管理され、サトウキビを囓っただけで罰せられたという話も残る。しかし幕末の武士名越左源太《なごしさげんた》が、流刑地《るけいち》の奄美大島での日常を綴った『大島遠島録《おおしまえんとうろく》』には、砂糖をもらった、供えた、食べたなどの記述が三〇回近くも登場し、バラエティ豊かな砂糖菓子も描かれている（今村 二〇一〇）。人々は厳しい統制をかいくぐり、近世からしたたかに砂糖食文化を育んできたのである。

この一帯では砂糖といえば黒糖のこと。調味料として食品に加えるだけでなく、茶請けとしてそのまま囓ったり、ご飯に振りかけたり、焼酎《しょうちゅう》に混ぜて飲んだりしたのは、風味豊かな黒糖ならではの利用法である。黒糖を使った菓子も多く、なかでも黒糖と卵、小麦粉を練ってつくるサーターアンダギー（砂糖揚げもの）は正月や結納《ゆいのう》など沖縄の祝い事に欠かせない菓子になっている。

地漬《じーじき》と呼ばれる黒糖の漬け物も独特の郷土食のひとつである。漬けるのは大根やらっきょう、白瓜《しろうり》などの冬野菜が中心で、沖縄市登川《のぼりかわ》などでは、収穫した大根のうちの三分の二は地漬として漬け込んだという。まず大根に軽く塩を振り、揉んで桶に入れ、上から重しをして数日置く。その後、大きな甕《かめ》に、黒糖、大根、黒糖、と交互に重ねていくと、黒糖の分量は大根重量の約半量にもなる。二、三ヶ月すると漬けあがるので、毎日のように食べ、もてなしやユイ（共同作業）の茶請けにも出した。同様の方法でにんにくを漬けたものは風邪や流行病の薬としても食べたという（『日本の食生活全集』編集委員会　一九八八）。果物を砂糖で煮たジャムが長持ちするように、砂糖には食品の保存性を高める効果がある。こうして砂糖漬けにすると、塩だけなら半年しかもたないものが、一年も二年も食べられたという。

食の近代化により、近年ではあまり食卓にのぼらなくなったという地漬だが、いまでも沖縄では塩辛い漬け物よりも、砂糖や蜂蜜で漬けた甘い漬け物が好まれるという。保存にとりわけ気をつかわなければならなかった亜熱帯の気候と、黒糖づくりの歴史とが結びついた郷土食である。

白砂糖の通った道―北部九州の菓子文化　一方、白砂糖については、歴史的にもっとも豊かにこれを手にした地域が北部九州である。交易窓口として開かれていた長崎には、南蛮《なんばん》貿易以降、大量の輸入砂糖がもたらされた。一八世紀になると交易による正規ルートに加え、長崎の役人や遊女への贈り物、貿易船の荷役《にやく》にあたる日雇い労働者への手当としても、年間数百トンの「闇砂糖」が長崎市中に流れこんだという（八百　二〇一一）。こうした砂糖とともに入ってきたのが豊かな菓子の文化だ。砂糖菓子は軽く、長い航海でも腐る心配がないうえ、その甘さで人々をとりこにすることができる、格好の土産であった。

こうした外来菓子の影響を受け、長崎を中心とする北部九州では、カステラ、金平糖《こんぺいとう》、ボーロ、鶏《けい》卵素麺《らんそうめん》、砂糖漬けなど、南蛮菓子の流れをくむ銘菓が数多く生み出されている。八百啓介によれば、近世の江戸・大坂では菓子の下ごしらえには黒糖を使い、仕上げにのみ貴重な白砂糖を用いるのが一般的だったのに対し、北部九州で作られた菓子にはふんだんに白砂糖が使われていたという。江崎グリコや森永、新高製菓（戦前の三大菓子メーカーのひとつ）など日本を代表する製菓会社の創始者がこの一帯から相次いで輩出されたことも、砂糖の窓口として砂糖菓子を享受した北部九州の土地柄であった。

そうした外来の砂糖菓子が定着したもののひとつに、ザボン漬がある。ザボンは乳児の頭ほどもある大きな柑橘《かんきつ》で、その皮と実の間の肉厚なワタを砂糖漬けにする（図8）。ワタを煮てから半日以上水にさらした後、ワタと同量の砂糖でぐつぐつ煮詰めると、甘さの中にほろ苦い風味が香るザボン漬ができあがる。日本では果物を砂糖に漬ける文化は発展しなかったといわれているが、南蛮菓子と白砂糖を受け入れた九州は例外なのであった。

図8　ザボン漬　長崎や別府の銘菓として知られるが、ザボンの収穫時期になると一般家庭でもつくられた。

ハレの食としての砂糖　西高東低の利用傾向にあった砂糖だが、砂糖食のおもしろいのは、貴重品であり絶対量が少なかったがゆえに、それがもてなしやハレの日の料理になったり、流通網や社会階層によって意外な場所で多用されたことである。

たとえば香川の東讃地方には甘い雑煮として有名な餡餅《あんもち》雑煮が

ある。いりこで出汁《だし》をとった白味噌《みそ》仕立ての雑煮に、甘い砂糖餡を包んだ餅を入れるのである。雑煮に甘味を加える地域はほかにもみられ、たとえば福井県の小浜《おばま》市や三方上中《みかたかみなか》郡若狭《わかさ》町では黒糖を雑煮に添えたり、雑煮の餅にかける慣習があった。また奈良盆地から大和《やまと》高原を中心とした地域のように、雑煮の餅をわざわざ取り出し、砂糖入りのきな粉をつけて食べる地域もある（以上「日本の食生活全集」編集委員会　一九八七・一九八八・一九九〇・一九九二）。この甘い雑煮の起源はいずれもはっきりしないが、香川では藩の重要産物であった砂糖を大っぴらに食べることができなかったので、せめて正月だけはと餅の中に隠して食べたというのが通説だ。砂糖の甘さは、すなわち正月というハレの日の特別さそのものであった。

葬儀の際に砂糖盛りを飾ったり、参列者へのもてなしや香典《こうでん》返しとして砂糖や落雁《らくがん》、甘い饅頭などを用いる地域もある。岐阜県美濃《みの》地方の一部では、葬式や仏事で参列者や僧侶にふるまわれる斎《とき》（食事）に、甘い味噌汁をつける慣習があった。白味噌の汁に豆腐や油揚げなどを入れ、そこに大量の砂糖を投入するのである。また、福井県おおい町の大島半島では野辺送りにいった葬送行列の一行に施主がキャラメルを配った。これも葬式における「甘いお返し」のひとつの形であり、砂糖の甘さが死者の弔いで疲弊した心身を癒したものと想像される。

都市における砂糖食　一見、意外な地域での砂糖食もある。たとえば流通の終着地であった江戸には近世から大量の砂糖が持ち込まれた。『報国以言《ほうこくいげん》』によれば、もっとも輸入量の多かった中白砂糖一五〇〇トンのうち、六割は江戸で使われると指摘されており、その大部分が菓子ではなく「なめ物」などになったことは先述したとおりである。また同書では続けて、餅、米、うどん粉の値が高い年は砂糖消費が減るともあり、どうやら米やうどんに砂糖を振りかけて食べていたことがわかる。砂糖を用いた料理もかなり一般的だったとみられ、江戸末期の『守貞謾稿《もりさだまんこう》』には、砂糖は「一切食類」に用いられ、「料理蕎麦《そば》店、天ぷら、蒲鉾《かまぼこ》」などにも「甚《はなはだ》し」く用いられる、とある。その味つけは他郷の者には相当甘かったとみえ、紀州の医師原田某は、江戸では砂糖の値がはなはだ安く、料理は砂糖と味醂《みりん》仕立てで菓子のごとくに甘く、酒の肴《さかな》にはならないとぼやいている（『江戸自慢』）。砂糖がたっぷり入った関東特有の甘い卵焼きなども、こうした嗜好の延長にあると考えてよいだろう。

また、意外な甘党が秋田県で、特に県南地方は砂糖を多用することで知られている。それも納豆や赤飯に砂糖を入れたり、冠婚葬祭の引き出物の豆腐カステラや豆腐かまぼこ、イナゴやコイの甘露煮《かんろに》、カスベ（エイの干物）、はては漬け物などもベタベタに甘くするという。『食文化あきた考』では、この甘い食文化の起源を豊かな穀倉地帯として栄えた地域性にみている。つまり、米麹《こめこうじ》を多用した甘い味噌を育んだ「発酵麹文化」が甘味への嗜好をつくり、多くの裕福な地主や商家の存在が「豪華・贅沢・特別」の代名詞であった砂糖の多用をうながしたという。ただしルーツがわかっているものとして、甘い赤飯は、昭和三〇年代に北海道で甘納豆入りの赤飯が流行したものが、秋田にまで波及したものという。その歴史は案外浅いのである。

人間が知覚することのできる味には塩味、甘味、酸味、苦味、旨味の五種があるが、このうち腐敗を示唆する酸味や、毒を示唆する苦味を人は本能的に嫌う。一方で甘味は糖質、すなわちエネルギー源を示す味であり、本能的にこれを好むという。砂糖がこれほど急速に広まった背景には、人間の生存本能への働きかけがあったのである。また、甘いものが好きといえば、何より子どもであった。道ばたの桑《くわ》の実やイタドリ、イモなどがおやつだった時代、砂糖が子どもたちにとってどれほど甘美であったか、そのとろけるような甘さを、現代の私たちはもはや想像することも難しい。そして親たちも、子どもが喜ぶのが何より嬉しかった。こうして砂糖は日本社会の中へあっという間に浸透していったのである。

7 塩と砂糖のこれから

一九七四年（昭和四九）のピーク時には一人あたり約二八キロあった砂糖の年間消費量はその後徐々に減り続け、二〇一二年（平成二四）の調査では一五・九キロまで減少している。塩についても同様で、一九九五年の一三・二グラム（一日あたり）をピークに、現在では一〇グラムを切るまで減っている。減塩と甘さ控えめが叫ばれる時代にあって、塩と砂糖は不健康の代名詞ともなり、かつて人々が抱いたような特別な思いが向けられることはなくなった。塩と砂糖の呪力はもはや失われてしまったのである。しかしそれは何も塩と砂糖だけの話ではない。飽食の時代にあって、これがなければ命が保てないといった切迫感や、季節や特定の行事と結びついた特別感を伴う食べものは、ほとんどなくなってしまった。安定的で豊かな食事が、かえって食の平準化を招いたのである。

一方で地域に根差した新しい動きの萌芽もある。塩についていえば、一九九七年に塩の専売制が廃止され、二〇〇二年にはその製造・販売が完全に自由化された。これを受けて、全国各地でさまざまな製法による塩づくりが復活したり、新しく興されている。砂糖についても、地域食のブームにより伝統的な製法が見直されたり、「和」の食材として和三盆や黒糖を使うことが定着しつつある。日本人と塩・砂糖との関わりは、次の時代を迎えようとしているのである。

参考文献

アチック・ミューゼアム編　一九三二年（一九七三）「塩俗問答集」日本常民文化研究所編『日本常民生活資料叢書　第四巻』三一書房
あんばいこう　二〇〇七年『食文化あきた考』無明舎出版
今村規子　二〇一〇年『名越左源太の見た幕末奄美の食と菓子』南方新社
岩城こよみ　二〇一六年『味噌の民俗―ウチミソの力―』大河書房
喜田川守貞著、宇佐美英機校訂　二〇〇一年『近世風俗志（守貞謾稿）四』岩波文庫
鬼頭　宏　二〇〇八年「日本における甘味社会の成立―前近代の砂糖供給―」『上智経済論集』五三巻

一・二号
工藤平助著、林韑編　一九一三年「報国以言」『通航一覧』国書刊行会
菅江真澄著、内田武志・宮本常一編　一九七一年「奥の手風俗」『菅江真澄全集　第二巻』未来社
瀬川清子　一九七六年『日本人の衣食住』河出書房新社
建部清庵著、佐藤常雄他翻刻　一九八三年「民間備荒録」『日本農書全集　第十八巻』農山漁村文化協会
中種子町　一九七一年『中種子町郷土誌』
「日本の食生活全集」編集委員会　一九八七年『日本の食生活全集18　聞き書　福井の食事』農山漁村文化協会
一九八八年『日本の食生活全集47　聞き書　沖縄の食事』同前
一九九〇年『日本の食生活全集21　聞き書　岐阜の食事』同前
一九九二年『日本の食生活全集29　聞き書　奈良の食事』同前
野田村村誌編纂委員会　一九八一年『野田塩　ベコの道』
バード、イザベラ、時岡敬子訳　二〇〇八年『イザベラ・バードの日本紀行　上巻』講談社学術文庫
橋本壽夫　二〇〇九年『塩の事典』東京堂出版
原田某著、山田清作編　一九二八年「江戸自慢」『未刊随筆百種　第十四』米山堂
樋口清之　一九六〇年『日本食物史—食生活の歴史—』柴田書店
日高秀昌・岸原士郎・斎藤祥治編　二〇〇九年『砂糖の事典』東京堂出版
廣山堯道　一九八三年『日本製塩技術史の研究』雄山閣出版

廣山堯道編　一九九七年『近世日本の塩』雄山閣出版
藤森正宏　二〇〇九年「寿司と合わせ酢のいまむかし―食酢業界における砂糖類の利用と動向―」『月刊砂糖類情報』二〇〇九年三月号
宮本常一　一九七〇年「塩売り」『塩業時報』第二一巻第一号（のち田村善次郎編　二〇〇七年『宮本常一著作集49　塩の民俗と生活』未来社）
一九七七年「燃料と輸送」「塩と生活」日本塩業研究会体系編集委員会編『日本塩業体系　特論・民俗』日本専売公社（同前）
民族文化映像研究所編　一九八四年『山に生かされた日々　新潟県朝日村奥三面の生活誌』はる書房
村上直次郎訳、柳谷武夫編　一九六九年『イエズス会日本年報　下巻』新異国叢書四、雄松堂書店
八百啓介　二〇一一年『砂糖の通った道―菓子から見た社会史―』弦書房

乾物とだし——保存性とうま味の向上——

星名桂治

1　乾物とだしの食文化

乾物（干物、「ひもの」ともいう）とは生の海産物、野菜、山菜などの食品に含まれている水分を抜いただけのものではなく、太陽エネルギーを浴びることにより食品に含まれている成分に変化が生じ、付加価値が加わった太陽からの恵みである。

乾物は古代から今日に伝えられている伝統食品であり、先人の知恵による食文化である。時間が経つにつれて食品が劣化、腐敗するのは、食品中に含まれる酵素や微生物の働きによる酸化が要因であるが、一般的には、ほとんどの酵素や微生物は、水分が四〇％以下で活動がゆるやかになり、一五％以下でほぼ休止状態になる。さらに水分が一〇％以下になると、酵素や微生物が引き起こすほとんどの変化が停止する。つまり食品の劣化、腐敗などが進みにくくなり保存性が高まるのだ。こうした海の幸、山の幸がもたらす恵みの味を凝縮した保存食品の中でも、特に昆布、椎茸《しいたけ》、鰹《かつお》などの乾物は、秀逸な「うま味」を持ち、世界に誇れる「だしの文化」をつくりだしている。

多くの乾物類の中から原料や加工技術の地域性、歴史性に配慮しながら、代表的なものを取り上げ紹介したいと思う。

2 昆布

昆布の生態　昆布は磯《いそ》が発達した場所に生息する海藻の仲間である。海藻は、その葉体内に含まれる色素によって、褐藻《かっそう》類、緑藻類、紅藻類の三種類に分けられ、褐藻類の昆布はその中でも最も大きく長さ数米《メートル》、幅三〇糎《センチ》以上にまで成長する。葉体の表層細胞に光合成に必要な色素のクロロフィル、カロテン、フコキサンチンなどを持ち、これらが混じりあうことで、褐色がかった色合いを呈したり、緑がかった黒褐色を呈する。海中の生物社会の中で群落を作り、ウニ、アワビ、サザエなどさまざまな生き物にとって重要な生態学的な役目も果たしている。

昆布の一生は、遊走子嚢《ゆうそうしのう》→配偶体→胞子体受精→一年目コンブ→胞子体再生→二年目コンブ→枯死、流失となる。葉体が成熟すると、その体に生殖器官である多数の遊走子嚢を形成する。

昆布は外海に面した波の荒い岩礁地帯の水深五〜七メートル付近に生息し、海中で光合成をして成長する。葉体は根、茎、葉の三部分からなり遊走子嚢は葉の下部に形成される。帯状の胞子体は、夏に繁殖期を迎え、秋から翌春にかけて成長する。二年目から一年体の外側に重なって成長し、肉厚となる。

昆布の歴史　昆布の歴史は古く、その名称はアイヌ語のコンブ、コンポに由来する説や、昆布の古名である広布《ひろめ》の漢字の音読みに由来するという説がある。九二七年（延長五）撰進の法典『延喜式《えんぎしき》』にその名が記載されている。平安時代から鎌倉時代にかけて、蝦夷《えぞ》地の開拓とともに生産が増え、江戸時代からは北前船《きたまえせん》交易の発展により、北から南の諸国に昆布が運ばれるようになったことから、大きく市場が拡大されてきた。

現在は昆布の生産は北海道が全体の九五％以上を占め、東北青森、岩手などでも採れているがわずかである。昆布は褐藻類コンブ科で日本には約一四属四五種が生息しているが一般的に市場に出ているのは一七種類くらいである。

昆布の収穫　秋から冬にかけて成長した昆布は、やがて知床《しれとこ》半島から貝殻島《かいがらじま》沿岸にかけて収穫が始まる。早採り昆布といわれる葉肉を柔らかく加工した昆布は、棹前《さおまえ》昆布ともいい、五月頃から収穫が始まる品種のものもある。これらは新潟県や長野県などで最も需要がある、早煮昆布である。

一般的には、浜ごとにその年によって異なる収穫の解禁日が指定されている。北海道では道漁連（北海道漁業協同組合連合会）の管理監督のもと、浜ごとに漁業組合が組織されている。収穫期は七月初旬に始まり、浜ごとに解禁となると一斉に天然昆布に船が走る。短い夏の昆布漁の時期は漁師はたいへん忙しく、浜にある番屋と呼ばれる昆布小屋に寝泊まりしながら、採れ立ての昆布を干し場（干場《かんば》ともいう）に干して乾燥させる。七月二〇日頃の土用の入りの頃には、昆布漁は最盛期を迎える。

水深五〜二〇メートルもの深い海底から岩場に着いた長さ一〇メートルにもなる昆布を、荒波にもまれながら棒の先が二股に分かれたマッカといわれる竿に巻きつけ、根をねじり切って船に引き上げる作業がつづく。

図１　浜での昆布の天日干し

積み上げた昆布は水分を多く含みたいへん重い。昆布を浜に運び、再び採りに行き、これを何回も繰り返す。ブラシの付いた機械を使って海水で洗い流し、小エビやホタテなど海の雑物を取り除きながら、ジャリ石を引いた干し場に、砂がつかないように一本づつ並べて干しあげる。天日干しはその天候次第で数回繰り返したり、羅臼《らうす》昆布の場合は夜露を当てたりしながら仕上げていく。

この一連の作業は大変な肉体作業で男の重労働であるが、家族総出の仕事でもある。手作業の部分が多く、製品となるまでにはまだ時間がかかる。

日高《ひだか》地方は天然昆布がすべてであり、道南地方や利尻《りしり》地方などは養殖昆布の生産が盛んであるが、作業は同じである。

天日干しされた昆布はさらに水分調整され、各漁業家の倉庫または組合の倉庫に保管され、最盛期が終わったのち秋から冬にかけて、今度は屋内での昆布の成型や加工が始まる。根元を揃えて結束し、長さ九〇センチに折るのである。

道南や羅臼では七五センチの「元揃え」、七五〜一〇五センチの「長切り」、二〇〜六〇センチに切る「棒」などのサイズに揃えて束ねる。一枚当たりの重み、厚み、虫食いの有無など、昆布の種類ごとに定められた規格基準に基づいて等級付けが決まる。

浜によって多少違うが、昆布は一等から五等まで分類され、等級は一箱五キロごとに帯の色で表示される。一等は緑、二等は赤、三等は紫、四等はオレンジ、五等は黄色などである。日高昆布は一等から七等までにランクされている。

これらは全国各地に組織されている昆布卸問屋組合の協議団体ごとに、それぞれ決められた日に入札方式によって値決めされ、市場価格が決まる。こののち食品問屋を経由しながら、小売店、百貨店、スーパーなどから消費者へと流通する。

昆布ロード　鎌倉時代には蝦夷地最南端の松前《まつまえ》港から越前《えちぜん》国（福井県）の小浜《おばま》や敦賀《つるが》に至る航路が

開かれ、陸路で京都へと運ばれた。一七世紀には、下関《しものせき》から瀬戸内海を経由して大坂まで運ぶ北前船による、西回り航路が開かれた。敦賀のとろろ昆布、大坂の塩昆布や佃煮《つくだに》など、昆布の集積地では輸送に適した昆布加工品が発達した。一八世紀には大坂経由で琉球《りゅうきゅう》（沖縄県）まで昆布ロードは延伸された。それらに伴い琉球産の黒砂糖と昆布が交換されるようになった。中国との交易を盛んに行った薩摩《さつま》藩は、支配していた琉球を通じて中国に昆布を売り、中国からは漢方薬を得た。その際に「富山の薬売り」の北前船による活動ルートを利用しており、このような活動が重なり合って昆布ロードが興隆した。

昆布のうま味　日本人によって発見された「うま味」（UMAMI）は学術用語でもある。一九〇八年（明治四一）池田菊苗《いけだきくなえ》は、アミノ酸の一種のグルタミン酸が重要な味覚を生み出す成分であることを発見し、これをうま味と名づけた。うま味には、日本料理で幅広く使われる昆布のグルタミン酸、鰹節《かつおぶし》に含まれるイノシン酸、干し椎茸《しいたけ》に含まれるグアニル酸があり、それらを合わせるとその相乗効果で飛躍的にうま味が増強される。

昆布の種類と食べ方　真昆布は函館《はこだて》から恵山《えさん》岬を経て室蘭《むろらん》東部に至る道南地区で多く産する昆布である。白口浜《しろぐちはま》と黒口浜があり、種類・用途とも多少の違いがあるが、肉厚であり、高級なだしが取れることから、大阪では真昆布だけでだしを取る老舗も少なくない。酢につけ込み、重ねてプレスをかけてから縦に削ったとろろ昆布や、醬油《しょうゆ》や砂糖を入れて炊きあげて乾燥させた塩昆布にも利用される。

がごめ昆布は道南地区だけに産する特有の昆布で、強い粘りがあり、フコイダンを多く含むことから加工用として人気がある。とろろ昆布にも利用される。近年では、その強い粘りを利用した細切りの納豆昆布などとしても食されている。

三石《みついし》昆布は日高地方三石の浜に主として生息する昆布で、「日高昆布」のブランド名でも広く知られている。生産量が多いこともあり、主に関東を中心とした東日本でだしを取るために利用される。身が柔らかいため、鮭《さけ》や身欠《みが》き鰊《にしん》、タラコやゴボウなどを巻き込んで味付けしながら煮込む昆布巻に適しているほか、佃煮などの煮物にも利用されている。

長昆布は道東地区の釧路《くしろ》から根室《ねむろ》にかけての、主として岩礁地帯に生息する昆布である。だしを取るには向かないことから昆布巻などの煮物に利用され、特に沖縄では長昆布を豚肉といっしょに炒めることが多く、この食べ方は台湾などにもみられる。

棹前昆布は道東地区の歯舞《はぼまい》、根室、厚岸《あっけし》などの一帯に生息する昆布である。身も柔らかく薄いため煮て食するのに適しており、昆布巻に利用されることが多い。

厚葉昆布は長昆布や棹前昆布と同じ道東地区の、特に水深のあるところに生息する昆布で、がっから昆布とも呼ばれる。葉幅が広いことから佃煮や昆布巻などの煮物、塩昆布などに利用される。また、肉厚のため昆布の表面を削るおぼろ昆布にも適している。

ねこ足昆布は主に道東地区の歯舞から根室にかけての沿岸に生息する加工用の昆布である。生産量が少なく希少な昆布で、がごめ昆布と同様に粘りが強いことから、とろろ昆布やおぼろ昆布などに利用される。

くき長昆布は根室沿岸に主として生息する昆布である。葉幅が広く、肉厚でひだが多い。

羅臼昆布は知床の羅臼地区に主に生息するためこの名がある。表面の色から赤口と黒口があり、味が濃く、香りも強いため、みそ汁や濃い味の煮物などのだしを取るのに利用される。幅が広いので昆布巻や、生の魚の切り身を昆布で挟んだ昆布〆《こぶじめ》に使うことも多く、塩昆布に利用されることもある。羅臼地区への入植者には富山や新潟の出身者が多く、入植後に郷土に羅臼昆布を供給したことから北陸では羅臼昆布が使われることが多いといわれる。昆布〆は、昆布が刺身にうま味を移すだけでなく水分を奪い、刺身を一定程度保存することを可能とした調理法である。

鬼昆布は根室や厚岸などの道東地区に主として生息する特に大きな昆布で、長切れや折れという商品があり、だしを取るために利用されるほか、加工用として昆布巻や昆布〆に使われることもある。

細目昆布は松前、留萌《るもい》、苫前《とままえ》、小平《おびら》、増毛《ましけ》、天売《てうり》島、余市《よいち》などに生息する昆布である。最も古くから採取・利用されてきた昆布の一つで、古くはだしも取ったが、後には佃煮や刻み昆布、数の子をスルメ・細目昆布とともに漬けた松前漬などに広く用いられるようになった。

ややん昆布は主に室蘭付近の波の穏やかな海域にのみ生息する昆布である。真昆布にも類似し、真昆布の一種ともいわれるが、真昆布と違って葉元が鋭角状になっている。近年、フコイダンやアルギン酸などが多く含まれることがわかって食されるようになってきた。磯の香りが強く、粘りも強いためとろろ昆布に適する。

利尻昆布は主として道北地区の利尻島、礼文《れぶん》島、宗谷《そうや》、稚内《わっかない》、紋別《もんべつ》などに生息する昆布である。表皮には赤目と黒目のものがあり、ともに真昆布に比べて幅が狭い。真昆布と同様にだしを取るために用いられる。清澄で香りの強いだしがでるが、まろやかな味であるため、京野菜などの味を引き立てるとして京都などの料亭では人気がある。

3 若布

若布の生態　家庭の食卓にたいへん多く登場する若布《わかめ》（和布）は、和《あ》え物《もの》、サラダ、汁物、煮物といろいろな料理に幅広く使われている、シンプルな海藻乾物である。今では干し若布に変わって養殖の湯通し塩蔵品《えんぞうひん》が多く市場に出回っており、多くが養殖で、天然物は少ない。

若布は日本列島の至る所で採れ、いわば海の雑草ともいえる。褐藻《かっそう》類コンブ目チガイソ科に属し、北海道太平洋沿岸、東北三陸海岸が主な産地であるが、日本海佐渡《さど》沖から九州長崎を越えて、果ては韓国の莞島《ワンド》、中国でも広い地域で収穫され、沿海州、青島《チンタオ》、大連《ダーリー》などからも多く輸入されている。若布は、メカブで作られた遊走子《ゆうそうし》（泳ぐ胞子）から発芽した配偶体が根状の部分で岩などに固着して葉状部分が伸び、水中で二メートルにも達する。

若布の歴史　若布は古来、海岸で採取して食用にされ、その採取は神事ともなってきた。旧暦の大《おお》晦日《みそか》から元旦にかけて山口県下関《しものせき》市の住吉《すみよし》神社（長門一宮《ながといちのみや》）と福岡県北九州市の早鞆《はやとも》神社（和布刈《めかり》神社）や島根県出雲《いずも》市の日御碕《ひのみさき》神社で行われる和布刈神事は、若布採りの解禁とともに、五穀豊穣《ごこくほうじょう》や航海の安全を祈願する行事として伝えられている。また各地で採れた若布を朝廷への献上品としていたことが平城宮出土の木簡にみえ、『延喜式《えんぎしき》』によれば神饌《しんせん》として奉納されており、『正倉院文書』などにも早くから登場している。

天然の若布を採取してきた長い歴史が大きく変わったのは、一九五〇年代、養殖が成功して以来である。養殖が全国に広がり、一九七〇年代には天然若布を上回った。さらに一九七五年（昭和五〇）、カット若布の登場により需要が増大し、戻す手間や切る手間もいらなくなり業務用や加工食品に利用が拡大した。

若布の特徴　水溶性食物繊維の宝庫で昆布やひじきと同じく粘性のアルギン酸が多く、コレステロールの吸収を妨げて血中コレステロールを下げ、ナトリウムの排出を促し血圧を下げるほか、若布のタンパク質が分解して生成するペプチドに血圧降下作用があり、腸の働きを良くし便秘の改善にもなる。他の海藻と同じく、海中のミネラルを吸って育つ若布は、ミネラルの宝庫である。

若布の種類と食べ方　若布は、生で食されるほか、運搬と保存を兼ねて乾燥されることも多く、利用する際には水で戻し、みそ汁や吸い物、酢の物、和え物などとして食されてきた。近年では、海藻サラダとしても食されることが多い。若布の基本的な乾燥法は、海水で洗ってそのまま乾燥させる「素干し《すぼ》」のほか、水で洗ってから乾燥させる「塩抜き」、熱湯に通してから乾燥させる「湯抜き」がある。それらを巧みに応用することで各地に独特の乾燥法が生まれ、結果的に次に挙げるような特色ある若布の加工品を生み出している。

灰干し《はいぼ》若布は、現在の徳島県で産する鳴門《なると》若布の緑色を損なわない乾燥法による製品である。一五〇年ほど前に考案されたもので、採取した若布に草木灰をまぶして七〜一〇日おいた後、水で灰を落としてから天日乾燥させた製品である。灰のアルカリ成分が緑の色素成分クロロフィルの分解を防ぐため、緑色が保たれ、歯ごたえも良い。この乾燥法は、近代以降、三陸地方など各地に伝播もした。ただ、近年は衛生上の問題などもあって生産は減少しつつある。

板若布は、若布の葉と葉を重ねて板状に貼り付けてから乾燥させた製品である。鳥取、島根、石川などの日本海沿岸で採取された薄く柔らかい若布を使うことが多い。食する際には水で戻して利用するだけでなく、軽くあぶったものがおかずや酒の肴《さかな》として食されることもある。

長崎県島原地方特産の良質な若布を乾燥させたのが、もみ若布である。薄く柔らかな葉を軽く揉んで細かくしてから天日乾燥させたもので、江戸時代には幕府への献上品の一つともなっていた。

糸若布は、三重県伊勢《いせ》地方特産の若布を加工した製品である。若布の茎を取り除き、残った葉を細く切り刻んでから天日乾燥させる。特に鳥羽《とば》市菅島《すがしま》で採れた若布は通常の若布より磯の香りが強く最適とされ、最後に一本一本糸状に裂いて仕上げる。

この他にも近年では、その使いやすさから、湯通し塩蔵若布を塩抜きした後に一口大に切って乾燥させたカット若布が広く普及しているほか、若布の中央を走る中肋《ちゅうろく》や茎を塩蔵にした茎若布も漬物や佃煮などとして利用されている。

4 海苔

海苔の生態 海苔《のり》の寿命は、葉体の中に雌雄の生殖細胞ができてくると老化現象が始まるといわれる。受精した細胞が次の世代を背負う果胞子《かほうし》となり、次々と海中に放出されてくるようになると海苔の伸長が鈍くなり、基部のほうだけを残して消失する。夏の終わりになると、果胞子から成長した糸状体の上に殻胞子嚢《かくほうしのう》が作られ、水温の低下とともに分裂が始まり、殻胞子を放出する。殻胞子は網に着くと発芽し始めて無性の生殖細胞となり、再び胞子を作り放出する。この単胞子が成長した芽を二次芽という。この繰り返しで芽の数は急速に増え、成長して葉体となる。

海苔の歴史 海苔の歴史は古い。七〇一年（大宝元）の大宝律令《たいほうりつりょう》の中に、海苔を意味する「紫菜」が年貢《ねんぐ》の対象物として取り上げられている。大宝律令に年貢として記載されている海藻は六種類であるが、年貢割当量から価値を推定すると、紫菜は若布の約三倍、アラメの約五倍となり、当時から高級品であったことがわかる。奈良時代末頃成立したという『万葉集《まんようしゅう》』には、無良佐木乃利《むらさきのり》あるいは乃利という表記がみられる。平安時代中期に成立した『倭名類聚抄《わみょうるいじゅしょう》』や『宇津保物語《うつほものがたり》』などに多く登場している。

鎌倉時代に入ると食文化は大きく変わり、質素倹約を旨《むね》とした精進《しょうじん》料理でも海苔は珍重されるようになった。そして江戸時代に入ると、海苔の養殖が始まる。江戸の浅草紙《あさくさがみ》の漉《す》き方を参考にして考案されたといわれる干し海苔が、一七世紀末には品川沖で大量に生産されるようになり、それはやがて近代にかけて東海や四国、三陸などにも伝わった。養殖の始まった江戸時代から一九五〇年（昭和二五）頃までは、日本で養殖される海苔といえばアサクサ種だった。一九三六年刊行の『日本海藻誌』に「和名アサクサノリはアマノリの一として予の与えたる学名にして昔より呼来れる浅草海苔を其まま此種の学名としたるものなり」とあるように、アサクサノリの学名は、我が国海藻学の嚆矢、岡村金太郎博士による命名である。アサクサノリは、病気や悪環境に弱く生産量が不安定で色落ちなどがあり、後にはそれに代わってスサビノリ種が台頭した。これは北海道有珠《うす》湾で種付けされたものを東京の大森で養殖したもので、さらに昭和四〇年代にはスサビノリの変わり種ナラワスサビノリも発見された。このナラワスサビノリは、成長が早く、色落ちしにくいことから、現在は養殖海苔の九〇％以上を占めている。

海苔の生産　海苔は運草《うんぐさ》とよばれるほど天然採苗の収穫が不安定であったが、人工採苗の飛躍は、一九四九年にイギリスの藻類学者キャサリン・ドリュウ博士によってもたらされた。春に葉体が作る果胞子を牡蠣《かき》などの貝殻に散布して穿孔《せんこう》させ、陸上の施設で糸状体に育て、これを海苔網に種付けして海で養殖する。これが人工採苗法である。種網は場所の制約を受けず、必要十分な生産が可能になる。

このことが全国の漁場の開拓に拍車をかけ、一九五〇年代の生産はうなぎのぼりの様相を呈した。人工採苗を行う養殖網は、海に支柱を立てて網を結ぶ「支柱柵法」と網にブイを付けて浮かせる「浮き流し法」とが現在使われている。支柱柵法は河口が近い浅瀬に「海苔ひび」といわれる支柱を立てて、支柱の間に海苔網を固定する。そのため、河川が運ぶ栄養分の恩恵を受けられる。干満の差が激しい有明《ありあけ》海に面する佐賀県や福岡県などでは、干満差を利用した光合成による成長促進という利点を活用できる。これらの地域では、葉質が柔らかく口どけの良い海苔が多く採れるのが特徴である。他方、浮き流し法は潮間帯に生息するアマノリを用いて、干潟を利用していたが、近年工業地の拡大などにより、埋め立てが多くなり干潟を追われることになる。養殖業者はより沖合に出ることになり、海面に浮き流し法の網を浮かすことにより、沖合の高い塩分濃度の中で潮流にさらされて海苔が育つので、色が黒く葉質もしっかりしたものが採れる。

こうして収穫された生海苔は、陸揚げ→攪拌タンク→水洗い→異物除去→ミンチ→濃度調整→脱水

↓抄《す》き↓乾燥↓折り曲げ↓結束↓箱詰↓検査場↓保管という工程で製品となる。

海苔の規格　海苔のサイズは縦二一センチ×横一九センチである。かつては産地によってばらつきがあったが、加工工程の機械化などにより現サイズに統一された。検査場にて各漁業組合の検査員の目視や金属探知機による検査を受け、珪藻《けいそう》の付着量、海苔の重さなど十数項目にわたる格付けがあり、等級などが決まる。

各産地の漁業組合によって乾海苔《ほしのり》の格付け規格は違うが、優等から六等、七等まで、品質、色沢、香味、重量、乾燥度などによって判定され、さらに品種の区分がある。これらに基づき判断されたものが、全国の海苔入札指定業者の入札により価格を決められ、販売される。

図2　海苔の製造

海苔の種類と食べ方　海苔はウシケノリ科アマノリ属の海藻で、養殖種の多くはスサビノリと呼ばれている。わずかであるが、ほかにアサクサノリ、アルバアマノリ、チシマクロノリなどがある。海苔と表現しているものには海海苔《うみのり》と川海苔《かわのり》があるが、食品としての表示は海苔である。採れた場所や地方によって呼び名が違い、多くの種類が市場に出ているが、原料が同じものもある。たとえば、青のり、あおさ、ひとえぐさ、沖縄のアーサ、高知県四万十川《しまんと》の青のり、熊本県の水前寺《すいぜんじ》海苔、徳島吉野《よしの》川のスジアオノリは、いずれも川海苔であるが、採る時期や地域によって呼び名が違うのである。

海苔の味は、海苔を構成する細胞の中に含まれる味を出す成分（呈味《ていみ》成分）による。その成分はグルタミン酸で、海苔の独特の味わいが醸しだされている。グルタミン酸のほか、アスパラギン酸、アラニン、グリシンなどのアミノ酸も重要な役割を果たし、ビタミンB12、葉酸などの栄養素も含んでいる。一般的にはそのまま使う、おにぎり、磯辺巻、海苔巻、吸い物などがある。

韓国の海苔　一三世紀末頃の『三国遺事《さんごくいじ》』には「海衣」という海苔を指す言葉がみられる。韓国海苔Kimはオニアマノリ、アルバアマノリなどを原料に岩海苔として生産されていたが、現在は表示法により岩海苔の名称が使えなくなり、日本品種を原料としたものが主流である。一九一〇年（明治四三）の朝鮮総督府の調査によれば、朝鮮総督府が海苔の漁業者に交付した補助金や日本から来た専門家、研究機関の設立により奨励策を取り、生産向上を成功させた。

5　寒天

テングサの生態　寒天《かんてん》の原料はテングサ（天草）、すなわち紅藻類テングサ科の海藻で、マグサ、ヒラクサ、ノマグサ、オバクサ、オオブサなど五属二八種の総称である。「テングサ」と「オゴノリ」

に大別される。テングサは温帯系の岩礁で海中深く根づく。北は青森県から南は九州地方まで太平洋岸と日本海に生息する。主産地は静岡県、千葉県、北海道、高知県であるが、特に静岡県の西伊豆地方は品質が良いことで有名である。

寒天の歴史 寒天の前身のところてんは中国から伝わったといわれている。大宝律令《たいほうりつりょう》には煮溶けると凝固する海藻原料のテングサと思われる「凝海藻《こるもは》」が記載されている。平安時代にはテングサは「心太」とも書かれ「こころてん」、「ところてん」に転じていったと考えられている。一七世紀半ば頃、京都伏見《ふしみ》の宿屋「美濃屋《みのや》」の主人美濃屋太郎左衛門《たろうざえもん》が、参勤交代途中の島津《しまづ》公が食べ残したところてんを冬の戸外に放置したところ、凍っては溶け、また凍っては溶けを繰り返すうちに白色になり磯臭さが抜けて干物になったのを見て、寒ざらし天が考案されたと伝えられている。命名者は黄檗山《おうばくさん》万福寺《まんぷくじ》の隠元禅師《いんげんぜんじ》とされ、その後精進《しょうじん》料理として広まった。さらに寒天を発展させたのが、摂津《せっつ》国城山（大阪府高槻《たかつき》市）出身の宮田半平といわれている。天明年間（一七八一―八九）に半平が作った寒天は細寒天で、これにより「大坂、高槻」の寒天作りが飛躍的に発展し、京都の和菓子作りに発展した。その後江戸時代末期（一八四〇年〈天保一一〉）頃、信州諏訪《すわ》の行商人小林粂左衛門《こばやしくめざえもん》が丹波《たんば》の寒天を見て、雪や雨の少ない乾燥気候の信州の農家の副業として関西からその製法を玉川村《たまがわ》（長野県茅野《ちの》市）に持ち帰り伝えたとされている。

寒天の生産 海藻のテングサ、オゴノリ、イギスなどを原料とし、用途によって凝固力や透明感を変えるようブレンドする。

原藻を良く洗い水にさらし、半日以上かけて煮溶かし、布で濾《こ》しながら三〇センチ×八三センチ、深さ六センチの「もろぶた」と呼ばれる容器に流し込む。これが固まったものがところてんである。これを長さ三〇センチ、五センチ角の大きさに切り、屋外に出して冬期に凍結乾燥させたものが角寒天である。また、ところてん突きで細いひも状に押し出して凍結乾燥させたものが細寒天である。

図3　信州寒天の天日干し

凍結したところてんは、戸外では日中、気温が上がり水分だけが蒸発する。この凍結と乾燥を繰り返すうちに磯臭さが抜けて色も白く漂白され、寒ざらしの寒天ができあがる。干す前は一本五〇〇グラムあった角寒天が、干しあがると一本約八グラムになる。

寒天の効能と食べ方　寒天は、食物繊維を多く含む。水分を多く保持することで、腸管に作用し、ぜん動運動を活発にしてスムーズな排便を促す。また、血中のコレステロール値を低下させ、動脈硬化を予防する。さらにノンカロリーにもかかわらず満腹感が得られるため、たくさん食べても太らずダイエット効果がある。粉末寒天もまた、粘滑薬や包括薬として便秘解消、整腸剤に使われている。

寒天を利用した料理は、煮溶かした後に冷やして凝固させるものが基本で、精進料理や和菓子に盛んに用いられてきた。中でもよく知られているのは、石川県や富山県などの旧加賀《かが》藩領で食されてきた「べろべろ」「えびす」などと呼ばれるものであろう。これは、棒寒天を水につけて戻した後、煮て溶かす。このとき砂糖などで味付けをする。そして溶いた卵を注ぎ込んでから箱状の容器に入れ、冷やして固める。盆《ぼん》や正月、祭礼のときなどに作られる行事食として、箱から取り出し切り分けて食されるほか、婚姻などの儀礼の贈答にも用いられてきた。なお、これとほとんど同じ料理が愛媛県宇《う》和島《わじま》市を中心とした南予地域でも作られている。このほか、石川県輪島《わじま》市では、煮溶かした寒天に餅米の粉を混ぜてから冷まして固めた「すいぜん」と呼ばれる料理があり、寺院の精進料理として食され、葬式や法事などの仏事の際は各家でも盛んに作られてきた。

6 干し大根

大根の生態と干し大根 干し大根は大根の乾干《からぼ》し製品一般で、切り干し大根、千切り大根、寒干《かんぼ》し大根など地方によって呼び名が違い、加工方法や形によりさまざまであるが、同じものである。

大根は長年、野菜の栽培量のトップの座を占める、食卓に欠かせない野菜である。その保存食として干し大根も長年親しまれ、若い世代にも人気がある。日本の北から南まで各地で栽培できる大根も地方色豊かな干し大根として、復活している。

大根の歴史　大根の原産地は小アジアから地中海東海岸とされている。日本には三世紀頃、中国から大型で水分が多い華南系と、皮に色がありデンプン質が多く耐寒性のある華北系の二系統が伝来し、時代とともに交雑が進み地方ごとに適した品種が誕生した。

大根は『日本書紀』に「於朋泥《おほね》」の名で登場し、これが大根《おおね》となり、大根《だいこん》となった。平安時代には、干し大根を塩と糠《ぬか》で漬けるたくあんの元祖が誕生。室町時代には寺院の点心《てんじん》として「干蘿蔔《ほしらふく》」、つまり干し大根が記載されている。一九八〇年代、華北系の子孫、愛知県の宮重《みやしげ》大根を改良した青首《あおくび》大根が人気を集め、栽培が増えた。

むかしは千葉県の房総半島が干し大根の主産地であったが、愛知県の渥美《あつみ》半島に移った。その後明治時代末頃から愛知県での産業が変化し、農地の転作、工業化などで大根の栽培が激減し、農家の次三男が宮崎県に移住した。宮崎県の土壌と、冬に霧島《きりしま》山系から吹く風により乾燥した気候風土が栽培に適し、現在では全国の干し大根の生産量の九割を占めるようになった。

干し大根は近年は各地でさまざまな種類が作られ、大根の品種も違えば、切り方も、干し方もさまざまで、それぞれ歯ごたえも風味も異なる個性の食材が市場に出回っている。

干し大根の種類と食べ方　生大根を乾燥させると水分が減って成分が凝固し、栄養成分が保たれる。カルシウム、鉄分のほか、特に食物繊維は少ない量でも生大根の一五倍以上と、野菜の苦手な人や老人・子供の補給には最高の食材である。

切り干し大根は、天日乾燥させた青首大根で、関西以西では千切り大根とも呼ばれる。製造後時間が経つと褐色になるのは、切り干し大根に含まれるアミノ酸と糖が反応するためで、より長期の保存のため冷凍することもある。切り干し大根の食物繊維は、不溶性のものが多くセルロースやリグニンを含む。これらの食物繊維は、コレステロール低下作用や腸内細菌叢の改善作用があり、動脈硬化などに良いとされる。

ゆで干し大根は、ゆがき大根とも呼ばれ、長崎県西海《さいかい》市などの特産品で、首まで白い大蔵大根を太めに千切りにしてゆで、海風で天日乾燥させる。また、岡山県、鹿児島県、瀬戸内海沿岸などにみられる割干し大根は、大根を縦に太く裂いて干した製品である。生大根を薄くイチョウ型に切ってから乾燥させた花きり大根があり、徳島県や岡山県などでは小口切りとも呼ばれる。このほか、薄く輪切りにして乾燥させた丸切り大根、輪切りにしてゆでた大根に棒を通して吊るし乾燥させた寒干し大根、縦切りや輪切りにした大根を戸外に出して何度か凍らせた凍《し》み大根などもある。

切り干し大根をはじめとした乾燥させた大根は、かつては全国的に自家製造されてきた。いずれも水や湯で戻してから煮物や汁物、和え物などにして食され、各地に地域的特色の豊かな食文化を作り出した。例えば、長崎県壱岐《いき》では、先に取り上げた切り干し大根を水に戻した後、海岸で採取した若布《わかめ》と一緒に醤油《しょうゆ》で和《あ》えた「めがらみ」が食されてきたし、茨城県では切り干し大根と特産の納豆を醤油で漬け込んだそぼろ納豆がみられた。

7 干　瓢

ユウガオの生態　ウリ科の一年草でユウガオ（ふくべ〈瓢〉ともいう）の果肉をテープ状に剝《む》いて乾燥させたものが干瓢《かんぴょう》である。新潟県や福島県には「ゆうごう」を剝いて乾燥させたものもあるが、一般的には主産地である栃木県のウリ科のユウガオを干瓢としている。

ユウガオは同じウリ科のひょうたん、ゆうごうと近縁で、花が咲いてから三〇日ほどで丸型の果実になる。ユウガオは夜に花が咲き、朝はしぼむことから、ミツバチなどの昆虫が花粉を媒介しない、雌雄同株の風媒花である。

関東ローム層の地層を持つ栃木県壬生《みぶ》、石橋《いしばし》、小山《おやま》地方は地理的・気候的に夏の変化が激しく、豪雨、雷、ヒョウなどの急変しやすい天候と水はけの良い土地柄で、全国の中でも生産量の九〇％以上を占めるに至っている。

干瓢の歴史　干瓢の原料であるユウガオはアフリカ原産のウリ科植物である。中国で古くから作ら

図4　ユウガオを剝く作業

れていたが、日本では『犬筑波集《いぬつくばしゅう》』の一五一四年（永正一一）の記事に登場し、禅寺の精進《しょうじん》料理に用いられたところから、留学僧か日明貿易船《にちみんぼうえきせん》がもたらしたのではと考えられている。干瓢作りは摂津《せっつ》、木津《きづ》、河内《かわち》（現在の大阪府）が主産地であったが、江戸時代に近江《おうみ》国水口《みなくち》藩（滋賀県甲賀《こうか》市）の藩主鳥居《とりい》忠英《ただてる》が国替えにより下野《しもつけ》国壬生（栃木県壬生町）に移り、農作物を増やし、産業を盛んにするために、一七一二年（正徳二）に壬生の人々に種をまかせたところ、この地方が栽培に適したことから、主産地となったと伝えられている。

なお、すし屋の符丁《ふちょう》でかんぴょう巻のことを「木津」というのは、日本で最初に栽培された大坂の地名から木津巻と呼ばれているのである。

干瓢の生産　夏も近づく八十八夜、五月二日頃畑にユウガオの苗を植えて、七月中旬の真夏の暑い盛りに収穫期を迎える。一番玉から三番玉、末玉と八月下旬まで収穫が続く。五～八キロくらいの重さになるユウガオを夕方までに収穫しておき、翌朝早く三時過ぎ頃から剝き始める。モーターの付いた玉剝きの機械で回転させながら刃を当てて剝き始め、真ん中の芯に近いところまで剝き、厚すぎず、薄すぎず、規定に基づき、一本を約二メートルの長さにする技術は、長年の経験による腕の見せ所である。こうして剝いた果肉を竹竿にかけて天日干しで乾燥させる。天気が良ければ仕上げまで一日から三日くらいで済む。

保存性の向上や漂白作用などの目的で、ビニールハウスや室《むろ》などで密閉し、二酸化硫黄《いおう》で燻蒸《くんじょう》する。これを「桶《おけ》がこい」という。

現在は無漂白干瓢も出回り、栃木県では自主規格に基づき、特等から一等、二等などの格付けをし、仲買人を通じて販売している。

干瓢の食べ方　干瓢はまず水戻ししながら塩もみして二酸化硫黄を除去する（無漂白のものは除去の必要がない）。

一般的には、巻きずしの干瓢巻、昆布巻の結束、ちらしずしの具として用いられる。干瓢の主産地である栃木県では、干瓢を卵とじにした吸物が食されている。

8　ぜんまい

ぜんまいの生態　春早く雪国の雪解けとともに芽を吹く山菜を代表するぜんまいは、まさに滋味あふれる山里の味覚である。名前の由来はくるりと巻いた胞子葉《ほうしよう》が丸い銭の形に似ているからという説がある。そのほか細ぜんまいを綿の代用として織物や手毬《てまり》の芯に使ったことから「繊巻《せんまく》」がなまってぜんまいと呼ばれたともいう。

太くておいしいぜんまいが採れる東北地方では「山菜の親方」といわれるくらい、法事やおせちなどの食材に欠かせない一品で、血の巡りが良くなると出産の滋養食にもてはやされたという。

ぜんまいの歴史　全国の山間部に自生する山菜であるが、文献上では、ぜんまいは室町時代以降に登場している（文明本『節用集《せつようしゅう》』）。

江戸時代の『日本諸国名物尽《にほんしょこくめいぶつづくし》』には蕨《わらび》の名があるが、ぜんまいの名はない。『本朝食鑑《ほんちょうしょっかん》』にはまがった地下茎が犬の背に似ているからと「狗脊《ぜんまい》」というありがたくない文字が当てられている。北は山形県から南は高知県まで広く分布し、特に新潟県、福島県、長野県などが主な産地である。

ぜんまいの効能と食べ方　製法の違いにより赤干し、青干しなどがあるが、幹が太くて天日乾燥の赤干し物が旨《うま》いとされている。収穫後すぐに綿を除き熱湯でゆでる。そのあと急速に冷やし、ムシロなどに薄く伸ばし天日乾燥させる。両手で十数回揉みほぐしながら乾燥させ、これを何回も繰り返す。完全に乾燥し、できあがるには数日かかるが、繊維がほぐれ独特の食感が味わえる。

ぜんまいは、あく抜きをした後に野菜や海藻とあわせて煮物・炒め物にされる。韓国料理ではナムルの材料となる。カロテン、ビタミンK、パントテン酸が多く、体の抵抗免疫を高める効能などがあるという。食物繊維も多く含まれる。

9　干し椎茸

椎茸の生態　生椎茸《しいたけ》にはない干し椎茸の独特の豊かなうま味と香りは、まさに和食に欠かせない存在である。

椎の木に多く発生する茸《きのこ》が語源で、香りが良い菌《きのこ》「香菌《こうたけ》」とも呼ばれている。椎茸は微生物の子実体で、植物でも動物でもない菌類である。他の動植物にはない成分であるグアニル酸はうま味を代表する味であり、薬効ではビタミンDによるところが大きい。特に椎茸はコレステロール低下や抗がん作用を持つ成分が多く、生理機能の宝庫でもある。干し椎茸に含まれているエルゴステロールやビタミンDを無駄なく摂るには、市販されているものでも椎茸を裏返しにし一時間ほど太陽に当てる天日干しを繰り返せば、エルゴステロールがビタミンDに変わる。現在は原木栽培と菌床栽培があるが天日干しの原木栽培に勝るものはない。

椎茸の歴史　椎茸はほかのきのこと同じく、古くから食べられていたと考えられる。干し椎茸の渡来の年代は定かではないが、弘法大師《こうぼうだいし》が唐《とう》から帰国した後、干し椎茸の食習慣を伝えたともいわれている。精進《しょうじん》料理の祖、道元の『典座教訓《てんぞきょうくん》』に、宋《そう》に渡った一二二三年に中国の典座（料理担当の僧）が椎茸を買い付けに来たと記されている。その後室町時代から江戸時代にかけて多くの文献に登場して

図5　椎茸の乾燥

いる。

椎茸の種類と食べ方　干し椎茸の分類は、以前は日本農林規格があったが、二〇〇四年（平成一六）に廃止され、今は産地による自主規格に基づいている。椎茸は、春に採る春子《はるこ》、秋に採る秋子《あきこ》、冬に採る冬菇《どんこ》と採集時期により三つに大別されるうえ、カサの開き方や肉の厚さなどでも厳格に選別されている。

冬菇は、気温の低い晩秋から早春に成長した寒子《かんこ》で五～六分開きの肉厚の椎茸である。現在市場では最上級とされる。この冬菇の中でも特に最高級品とされるのが天白《てんぱく》冬菇である。これは、気温五～八度、湿度三五％以下の状態で育った冬菇で、肉厚のカサの表面に白く亀裂が入ってちょうど花が咲いたように見えることから花冬菇とも呼ばれる。

香信《こうしん》は、三～五月に成長する春子に多くカサが八分以上開いている肉薄のものをいう。肉厚の冬菇と肉薄の香信の中間でカサが六～七分開きのものが香菇《こうし》で、大型のものが多い。このほか選別によっては、シッポク、大葉、バレ葉などの商品もある。

いずれの干し椎茸も、一晩水あるいはぬるま湯に浸けて戻し、煮物や汁物などに利用される。なお、このときの戻し汁も料理に使われることが多い。戻すことで酵素が働き、香り成分のレンチオニンとうま味成分のグアニル酸ができる。レンチオニンは、ニンニクや玉ねぎのおろし汁を加えると成分生成がさらに活発になり、グアニル酸も昆布のグルタミン酸、鰹節や煮干しなどのイノシン酸と合わせると相乗効果が働いてうま味が増す。

10 日本の食文化と乾物

乾物の歴史は極めて古い。縄文時代の貝塚などからは、天日干しして干物にしたと考えられる魚や海藻の痕跡が発見されている。大宝律令《たいほうりつりょう》や『日本書紀』、『古事記』などの文献にも乾物の記述がある。禅宗の精進《しょうじん》料理、貴族階級の宮廷料理などに用いられるだけでなく、神社や仏閣などでは豊作を祈る神事の供物《くもつ》としても珍重されてきた。時代が下るにつれて保存や運搬の技術が向上すると、庶民の生活や年中行事などにも取り入れられ、各地に独特の食文化を根付かせる役割を果たしてきた。

このように乾物は、常温でも保存できるだけではなく、うま味を効果的に生み出すなど、太陽エネルギーから授かった付加価値を最大限に増したもので、豊かな自然の中で育まれてきた歴史ある知恵の結晶なのである。

参考文献

工藤盛徳他　二〇〇一年『加工海苔入門』日本食糧新聞社
蔀一義　一九八〇年『乾物入門』日本食糧新聞社
星名桂治　二〇一一年『乾物の事典』東京堂出版
　二〇一七年『四七都道府県・乾物／干物百科』丸善出版
星名桂治監修　二〇一一年『乾物と保存食材事典』誠文堂新光社
星名桂治・栗原堅三・二宮くみ子　二〇一四年『だし＝うま味の事典』東京堂出版
三浦理代監修　二〇一二年『日本の食材帖　乾物レシピ』主婦と生活社

漬けもの
——野菜の保存と利用——

古家晴美

1 漬けものの始まり

草醬から漬けものへ　旬に収穫された大量の新鮮な食料を、日常の食生活で有効に活用するための工夫の一つとして生み出されたのが漬けものである。すしもこの流れを汲むものであるが、ここでは植物性の食材を使った漬けものに限定したい。

明治期以降、山野に自生するものを「野菜」、畑で栽培するものを「蔬菜《そさい》」と呼んで区別したが、本稿では現代の慣用的表現に従い、栽培作物に対して「野菜」を使用する。

モンスーンアジアの稲作地帯に共通する食文化の特色の一つとして、「漬物を好んで食べる」「馴《な》れずしの文化を持つ」ことが挙げられる（奥村　二〇一六）。世界的に見ると、中国では紀元前から塩蔵《えんぞう》品《ひん》が存在していたことが知られているが、その製造法を具体的に記載したのは、六世紀半ばに成立した『斉民要術《せいみんようじゅつ》』であった。この書には、菜物類や果菜類の塩漬けをはじめとし、四〇種近くの漬けものの製造方法が紹介されている。

日本においては、約四五〇〇年前の縄文期の三内丸山遺跡（青森市）で、製塩技術が発達する以前に海水を用いた漬けものが作られていたと推測されている。野菜を海水に漬けて干すことを繰り返し、甕《かめ》に漬け込んでいたのではないかという（小川敏男　一九九六）。一方、奈良時代になってから漬けものが登場したことに注目する研究もある（奥村　二〇一六）。

大和《やまと》朝廷が成立し、律令《りつりょう》国家が形成されると、大陸との交流も始まり、縄文晩期から栽培されてきた瓜《うり》類以外に、さまざまな畑作物が作られ、それらの多くは漬けものに加工された（石川他　一九八八）。最初は塩漬けが中心で、現在の塩辛《しおから》や馴《な》れ鮨《ずし》に相当する魚肉類の肉醬《ししびしお》、米・麦・豆などを用い味噌《みそ》や醬油《しょうゆ》の元祖となった穀醬《こくびしお》、そして野菜や海藻を用いた草醬《くさびしお》が作られた。このうち、草醬が漬けものの原型といえる。当時の塩は大量生産できない貴重品であり、水分を吸うと潮解《ちょうかい》しやすく携行しにくいので、動物性や植物性食品の繊維やタンパク質に含ませ持ち歩いた。それが醬《ひしお》であり、漬けものもそのような役割を担った。漬けものの起源は、食材の加工保存であると同時に、「塩を持ち歩く手段」であったと考えられている（小川敏男　一九九六、樋口　一九六〇）。その後、大陸との交流が活発化すると、さまざまな漬けものが登場する。日本で最古の漬けもの記録は、八世紀の奈良時代の長屋《ながや》王邸宅跡《おうていたく》から出土した木簡で、そこには、冬瓜《とうがん》や茄子《なす》の「糟漬け《かすづ》」や冬瓜・ミョウガの「醬漬け」を長屋王への進物《しんもつ》としたことが記されている（国立文化財機構奈良文化財研究所木簡データベース）。また、この他にも、「酢漬け」「須須保利《すずほり》漬け」などが作られるようになった。「須須保理」は、百済《くだら》から酒造りを伝えた渡来人の名に由来するというが、茹《ゆ》でて搗《つ》いた大豆と塩、もしくは水に浸して搗いたくず米と塩に青菜、後に蕪《かぶ》の葉を漬けて乳酸発酵させた漬けものである（石川他　一九八八、奥村　二〇一六）。

奈良時代の『正倉院文書』には、日本の基本的な漬けものがほぼ出揃っている。漬け込む食材は季節のもので、春はワラビ・アザミ・セリ・イタドリ・ヒル・瓜などの山菜を中心とした塩漬け、秋は瓜・茄子・山アララギ（山韮）・桃・柿・梨などの果菜や果物を塩漬けや未醬《みそ》漬けにした。また、楡《にれ》の皮を剝ぎ、干して粉にしたものを塩と合わせて漬け床にし、野菜や果実などを塩や酢に漬けたニラギというものも作られていた（奥村　二〇一六、渡辺　一九六四）。奈良時代には、給与の一部は漬けもので支払われていた。ニラギや漬菜などの葉菜類は上層者・下層者ともに与えられていたのに対し、漬瓜・漬茄子などの果菜類は僧などの上層者のみに与えられた（関根　一九六九）。支給された漬けものの種類が身分によって異なっていたことは興味深い。

平安時代には、塩漬けや未醬漬け以外にも種類が増え、塩漬けしたものを強く乳酸発酵させた紫葉《しば》漬けが登場する。平安中期の九二七年（延長五）に完成した『延喜式《えんぎしき》』には、瓜・茄子・蕪などの果菜・根菜以外に、セリ・ワラビ・ミョウガ・アザミなどの山野草や柿・梨などの果実の塩漬け、瓜・

蕪・茄子の醬漬け、瓜・生姜《しょうが》の糟漬け、茄子の酢漬け、青菜などの須須保理について記されている（石川他　一九八八、関根　一九六九、渡辺　一九六四）。平安初期に草醬（大根・瓜・蕪・梅・桃などの塩漬け）が、多様な漬けものへと移行し、鎌倉時代になると、「漬けもの」と呼ぶ食品として独立してきた。沢庵《たくあん》漬けや梅干しの源流は江戸時代ではなく、もっと前の時代まで遡るという説もある（奥村　二〇一六、樋口　一九六〇）。

中世までの漬けもの—沢庵漬けと梅干し、香の物　江戸時代に、そして現代でも頻繁に食べられている沢庵漬けと梅干しの由来に関しては、複数の見方がある。前述したように茹でて搗いた大豆やくず米を用いて乳酸発酵させた須須保理は、鎌倉時代になると大豆やくず米が米糠《こめぬか》に置き換わり、沢庵漬けの原型となったという説がある一方（奥村　二〇一六）、沢庵漬けは、江戸期に名僧「沢庵和尚」によって北国での野菜不足解消のために考案された「貯え漬け」に和尚の名を付したとの説もある（小川敏男　一九八四、桜井・足立　一九三四）。

他方、梅干しが文献資料に初出するのは鎌倉時代中期の『世俗立要集《せぞくりつようしゅう》』である。「梅干しは僧家の肴《さかな》なり」とあるように、仏家の寺院食の中に起こったもので、元来、中国で毒消し薬として用いられていた。それがこの時代に武士の正式膳である椀飯《おうばん》や出陣の酒宴の膳《ぜん》にも載るようになった。「敵を討ち滅ぼして勝つ」という意味の語呂合わせから、肴の「打ち鮑《あわび》」、「堅栗《かたくり》」に新たに「梅干し」が付け加えられた。貴族的な武士になって滅びた平氏の二の舞を踏まぬように、と武士の質素な食生活を示すものとして梅干しが用いられているのではないか、という。その後の梅干しの意味づけはさらに変化する。室町時代の小《お》笠原《がさわら》流礼式書『食物服用之巻』（一五〇四年〈永正元〉）では、食事時に人前で「むせないように」膳に載せられ、江戸時代初期の『料理切形秘伝抄《りょうりきりがたひでんしょう》』（一六四二年〈寛永一九〉）では、「万の草木に生気が蘇り花を開く春を司る梅の栄えを持って客を言祝《ことほ》ぐため」の「縁起物」として用いられている（有岡　二〇〇一、江原他　二〇〇九、樋口　一九六〇、渡辺　一九六四）。後述するように、梅干しは日常生活と密着しつつも、重層的に人の間を取り持つ不思議な力を持つ漬けものなのではなかろうか。

また、戦国時代における下級兵士を題材に江戸時代に刊行された『雑兵物語《ぞうひょうものがたり》』（一六八三年〈天和三〉以前成立、一八四六年〈弘化三〉刊）には「梅干し」が戦陣食として味噌・塩・鰹節《かつおぶし》・胡椒《こしょう》などとともに支給されたことが記されている。この中に「胡椒は寒さ暑さをしのぐために毎朝一粒かじれ。梅干しは息が切れた時に取り出して見ろ。しかし、喉が渇くので口に入れるな。胡椒は戦の日数分の数が必要だが、梅干しは戦の間に一つで事足りる」とある（樋口　一九六〇）。

室町時代に本膳《ほんぜん》料理が確立されると、漬けものに対し、「香《こう》の物《もの》」という呼び名も用いられ始めた。その由来は、香をかぎ分ける聞香《ききこう》の嗅覚休めに大根の漬けものが使われたという説、味噌を「香」と呼び現在の味噌漬けを「香の物」と呼んでいたからという説などさまざまである。当初は大根が、後には茄子・瓜・蕪などが用いられ、湯漬けの膳には必ず香の物が添えられた。また、香の物は中世末の茶の湯の発達とも関わり、茶会の口取り代わりに、懐石《かいせき》料理の口直しに取り入れたのではないか、との指摘もある（小川敏男　一九八四、桜井・足立　一九三四、練馬区教育委員会編　一九八四・八五）。

2　江戸時代に普及する漬けもの——自家用から商品まで——

沢庵漬けのその後—江戸におけるリサイクル　江戸時代に身分、あるいは日常・特別な食事にかかわらず必ず食べられたのが、漬けものである。主食以外の農家の日常食は汁に漬けもの、町家でも、月の三の（つく）日が肴《さかな》（魚）で、ふだんの日は朝がみそ汁、昼がひじきに油揚げ、晩は香《こう》の物《もの》（漬けもの）であった（桜井・足立　一九三四）。

急速に普及したのが沢庵《たくあん》漬けである。前節では、沢庵漬けの由来は諸説あることについて触れたが、ここではそれが人々の間にどのような形で広まったかについて述べてみたい。沢庵漬けは干した大根を糠《ぬか》漬けにしたもので、四斗樽に一〇〇本漬けたことから「百本漬」、上方では、「香々」「からづけ」とも呼ばれた。この時代に多くの人々に支持された理由は、三年漬、五年漬、七年漬というような長期保存が可能であったと同時に、この時代に素材（大根・糠・塩）の調達が容易になったことと関わる。

沢庵漬けは、二〇日ほど干した大根を米糠・大豆の煮汁・塩の糠床に漬け込む「糠漬け大根」の一種ともいえる。大根は煮物・汁の実以外に沢庵漬け・浅漬けなどの漬けものとして汎用性が高く、江戸時代を通して最も広く普及した野菜で、身分の違いにかかわらず重宝された。江戸城内では将軍の御菜園、諸大名・旗本・武家・大店地主《おおだなじぬし》などの広い屋敷の大半でも自給菜園を設け、栽培した。また、菜園を持てなかった庶民は、郊外農村の余剰野菜の振り売りから購入した（練馬区教育委員会編　一九八四・八五）。米糠は江戸時代中期以降、米の精白が盛んになり大量に産出されるようになった。そして、元和年間（一六一五―二四）になると、瀬戸内から安価な「十州塩《じっしゅうえん》」が塩廻船でもたらされ、沢庵漬けに必要な大根・糠・塩が一通り出揃うこととなる（江原　二〇〇〇、江原他　二〇〇九、練馬区教育委員会編　一九八四・八五、宮本　一九七七、渡辺　一九六四）。

さらに巨大都市江戸では、その大根を栽培するための下肥《しもごえ》の供給も可能となった。江戸後期の風俗を紹介する『守貞謾稿《もりさだまんこう》』（『近世風俗志』、一八五三年〈嘉永六〉成立）によれば、練馬《ねりま》の農家が江戸の武士や町人などの家の下肥を汲み取り、街道や河川を利用して畑まで運搬し、その支払いとして沢庵漬けを物納することが多かったとある。また、戯作者《げさくしゃ》である滝沢馬琴《たきざわばきん》（一七六七―一八四八）も『曲亭馬琴日記』（一八二六年〈文政九〉―四九年）の中で、沢庵漬け用の干し大根は、滝沢家の下肥（排泄物）を汲み取りに来た百姓がその代金代わりに冬に持参したと記している（奥村　二〇一六、練馬区教育委員会編　一九八四・八五）。沢庵漬けは見事に江戸の食生活リサイクルの中に組み込まれていた。

しかし、販売・購入方法は住居の広さ、家族の人数により多様であった。江戸時代後期に、大根生産地としてすでに有名になっていた下練馬村の農家が武家に出した受け取り状には、「覚　干し大根千本、浅漬け大根千本、糠五斗四升、塩四斗五升、酒樽代《さかだる》」とある。これは沢庵漬け用の必要食材ばかりでなく、道具（樽）とのセット販売や既成品の浅漬け販売などが、生産者と消費者の間で直接、行われていたことを示す（練馬区教育委員会編　一九八四・八五）。また、年間に使う沢庵漬け（既製品）をあらかじめ注文し、定期的に配達してもらい購入する方法もあった（『守貞謾稿』）。これは庶民の住居が手狭で漬けもの樽を並べるスペースの確保が難しく、江戸は火災が多いため、麴菌《こうじ》を保持しながら製造していく漬けもの作りに向いた環境ではなかったと解釈できるのではなかろうか。

梅干しのその後―多様な使い方

前節で述べたように、梅干しは中世の武士の出陣式の膳《ぜん》に載り、また戦陣への携行食ともなった。各家庭の庭先に植えられた梅を使用することが多かったが、重税対策として梅を育てる地域もあった。その一例として、江戸時代、田辺《たなべ》藩の権力下で重税に苦しんでいた紀州《きしゆう》（和歌山県）の南部《みなべ》地方が挙げられる。当時の年貢は、田畑の面積で課せられたが、竹や梅が生えていた所は「やぶ根」といって、痩せ地を意味して免税になった。そこで、農民は梅を植えて免税してもらい、その木の下に穀類を蒔いてしのいだという（小川敏男　一九八四）。

沢庵漬け同様に、梅干しも多くの家庭では手作りし、前出の馬琴宅においても同様でその様子が記されている。他の使い方として一六四三年（寛永二〇）の『料理物語』には、うどんを食べるときに古くは必ず梅干しを添えた、一六九七年（元禄一〇）の『本朝食鑑《ほんちょうしょっかん》』には、うどんを茹でるときに酒と梅干し一つを入れると、麺が軟らかくなって切れない、と記されている。また、殺菌作用があることから、旅に出る者の道中用には、にぎりめしと梅干し、漬けもので二食分を二つの籠《かご》弁当に詰め、肩に振り分けて持たせた（奥村　二〇一六、桜井・足立　一九三四）。その他に鰹節《かつおぶし》・梅干し・酒に水・たまりとともに煮詰めた調味料である煎《い》り酒《ざけ》として用いられ、江戸時代には刺身をこれに付けて食べた（有岡　二〇〇一、江原他　二〇〇九）。

名産化する漬けものと漬物屋

一八二二年（文政五）—三五年（天保六）の『江戸流行料理通』や一八三六年の『漬物塩嘉言《つけものしおかげん》』で紹介されている六〇種類を超える多種多様な漬けものを見ると、今日の漬けものの大部分がこの時代にすでに広く食べられ、売られていることがわかる。江戸時代になると、漬けものは保存食としてばかりでなく、嗜好品としての色彩が強まり、塩漬け・糠漬け・味噌《みそ》漬け・糟《かす》漬け（奈良漬け）・麴漬け・辛子《からし》漬け・梅酢漬け・山椒《さんしょう》漬け・紫蘇《しそ》漬けなどさまざまなものが作られ、流通するようになる（石川他　一九八八、小川敏男　一九八四、桜井・足立　一九三四、渡辺　一九六四）。

家庭の自家用漬けもの以外に、各地で名産化した漬けものも数多く流通する。特に江戸・京・浪速《なにわ》（大坂）の三都では、漬物屋が繁盛し、寺社の縁日には門前に季節の漬けものや土地の名産漬けが並んだ。また、冬になると江戸では、梅干し売りが「梅干しやー、梅干し」、京・浪速では「くきや、くき」（上方で蕪菜や大根などを塩漬けにしたものを「くき」と総称した）の掛け声をあげて売り歩き、季節の風物詩であった。小田原《おだわら》の「しそ巻」や「梅干し」、駿河《するが》府中の「ワサビ漬け」、美濃恵那《みのえな》郡の「山牛蒡《やまごぼう》の味噌漬け」、三河大浜《みかわおおはま》の「茄子《なす》辛子漬け」、近江日野辺《おうみひのべ》の「赤二十日大根《あかはつかだいこん》漬け」、京都の「千枚《せんまい》漬け」・「すぐき漬け」、大原の「柴《しば》漬け」、紀州の「梅干し」、広島の「菜漬け」など多様である。また、漬けもの用の野菜として、江戸時代から山形では一口茄子、信州《しんしゅう》では野沢菜《のざわな》、愛知では守口《もりぐち》大根、飛《ひ》騨《だ》では赤蕪《あかかぶ》、島根では津田蕪、愛媛では緋《ひ》かぶら、長崎では唐人菜《とうじんな》、鹿児島では桜島大根などが栽培されていた（小川敏男　一九九六、桜井・足立　一九三四）。

漬物屋は上方では「茎屋」、江戸では「漬物屋」といった。江戸で最初に漬物屋を開いたのは、後に政商として名を挙げた若き日の河村瑞軒《かわむらずいけん》である。元禄年間（一六八八―一七〇四）以降になると、江戸の中心部に小規模ながら漬物問屋が誕生した。江戸後期の江戸・京都・大坂の風俗を描いた『守貞謾稿』によれば、京坂では、味噌と香々（沢庵漬け）は自家製であったのに対し、江戸の市民は「火災繁《しげ》く」「各居塁地なき故か」自家製はまれであった。大家族では味噌は毎冬一、二樽を購入し、もっと小規模な家族では一〇〇文、二〇〇文というような買い方をする。江戸の家は火災が多く、手狭で保存食の保管や収納場所の確保が難しかったので、既製品を購入したと著者の喜田川守貞《きたがわもりさだ》は分析している。また、江戸京橋《きょうばし》北の川村与兵衛の香物店では、菜の塩押し・沢庵漬け・茄子塩押し・茄子糟漬け・大根糟漬け・大根と薑《はじかみ》の酢漬け・梅干し漬け・茄子辛子漬け・紫蘇葉辛子漬け・らっきょう漬けなどの多様な漬けものを薄切りにして数種を折《おり》に詰め合わせ、音物《いんもつ》や方物《ほうぶつ》（贈答用）に販売していることが紹介されている。これを守貞は非常に美しく菓子折のようだ、と評している（桜井・足立

一九三四、練馬区教育委員会編　一九八四・八五、渡辺　一九六四）。

漬けものは人々を魅了する。沢庵漬け以外に大根の漬けものとして江戸の人々に好まれたのが、生大根を麹で漬けた「べったら漬け」である。べったら市は毎年一〇月一九日夜、江戸大伝馬《おおでんま》町一丁目の恵比寿《えびす》神社（現東京都中央区、小伝馬《こでんま》町駅近く）のえびす講《こう》の前夜祭に立ち、江戸時代から現在に到る

図１　宝田恵比須神社（東京都中央区、2016年撮影）

図２　べったら市（同前）

までべったら漬けが売られている。一八〇三年（享和三）の『増補江戸年中行事』や『守貞謾稿』にも記されている。当時はまだべったら漬けとは呼ばれていなかった。漬けものを売る若い男が娘の着物に（麴がついて）「べとつくぞ」と漬けものを持って追い回してからかったことから、「べとつく」が「べったら」に転じ、市の名前となった。また、徳川家康も漬けものに強く惹かれた一人であった。瓜《うり》の糟漬けは古くから作られているが、酒の名産地である奈良で産出される上質な酒粕《さけかす》を使用した漬けものであったので「奈良漬け」と呼ばれていた。大坂夏の陣の折に、奈良のある医師が徳川家康の陣屋に手製の糟漬けを持参し献上した。家康はその風味の良さを忘れられず、徳川の天下になって後、その医師を江戸に呼び寄せ、医師をやめさせて奈良漬け作りの幕府御用商人にさせた（小川敏男　一九八四・一九九六、桜井・足立　一九三四）。

3　近代以降の各地の漬けもの

風土と漬けもの―豪雪の地域と温暖な地域　明治時代以降、欧米文化の移入とともに、上流社会を中心に和洋折衷の献立《こんだて》が紹介されるようになった。しかし、当時の一般庶民の日常食は、それ以前と同様、飯・汁・漬けものを基本とした和食献立形式であった。その中で漬けものは副食物の王座を占めていた。瀬川清子《せがわきよこ》は「野菜が漬物という形で食べられることが多いのは日本の食生活の特色であろう」という。このことは、秋田県男鹿《おが》地方で、漬けものになっていない生の野菜を「無塩《ぶえん》」と呼んでいることからもわかる。厳しい寒さと雪に閉ざされた冬の北国においては、大半の野菜や魚が塩漬けや乾物に加工されて流通し、生鮮食品は貴重な存在であったことを意味する。また、漬けものは保存食としてそのまま生食するとともに、煮て、焼いて食べるなどの調理の手が加えられた（江原他　二〇〇九、瀬川　一九五六）。

以下に、大正末期から昭和初期にかけて日本各地（北海道から沖縄まで）の家庭の食生活を聞き書き調査し、資料収集した『日本の食生活全集』（農山漁村文化協会）から、各地の漬けものについて、いくつかの特徴を見ていきたい。

日本の漬けものは、気候や風土と大きな関わりを持つ。前述したように、特に長い冬の寒さや雪が続く土地では、漬けものは命をつないでいくために必要不可欠な食料であった。冬は田畑や山から何も採れないので、漬けものに依存しなければ食事作りはできない。冬の間、野菜の補いとして十分食べられるだけの漬けものを確保しておきたいという切実な思いがあった（山形、以下の県名は『日本の食生活全集』の該当巻を示す）。冬の野菜不足は、雪深い北国に多く見られたが、南に下り山口県長門《ながと》山間部においても同様で、冬になり雪が深くなると一、二月は青物がなくなる。漬けものは添えものではなく、一品のおかずとしてどんぶりいっぱいに盛って出した。特に沢庵《たくあん》漬けは重宝した（山口）。このように、漬けものは生き抜くため必要な食べものであったが、それは単に越冬用野菜の保存という側面だけではなく、地域の産物・栄養を取り込む楽しみな機会でもあった。北海道や青森・岩手・富山・石川などの漁村では、身欠きニシン、サメやコマイ（タラ科）などの魚の干物《ひもの》、イカの生干しを大根・キャベツ・人参などの野菜と共に塩や麹《こうじ》、糠《ぬか》で漬け込んだ。「ニシン漬け」は、明治の終わり頃に日本海側の漁師が北海道にもたらしたものだといわれている（北海道、青森、岩手、富山）。

これに対し、特に九州以南の温暖な地域では漬けものの位置づけが大きく異なる。気候が温暖な地方では、豊かな食材に恵まれ、漬けものは冬に不可欠な保存食としてよりも「手軽なおかず、お茶うけ」としての意味合いが強くなる。年中切れることなく野菜や海藻、川魚がたっぷりあるので、漬けものは野菜の保存のためというよりも、麦飯をおいしく食べるための「菜」、あるいは「添えもの」となる（福岡、佐賀、長崎）。また、寒冷な地域では保存のために行っていた塩蔵が、温暖な地域ではそれのみでは腐敗防止に十分に機能しなくなる。鹿児島や沖縄では、気温が高く塩漬けだけでは保存できない。鹿児島では、浅漬けにして早く食べ、長期保存には味噌《みそ》漬けにする（鹿児島）。また、沖縄の漬けものは、冬から春の大根、ニンニク、らっきょうの「地《じ》漬け」（塩漬け後に黒砂糖漬け）が主で、これならば、一年でも二年でも保存できる（沖縄）。

このほかに、両者に挟まれた地域、特に関西以西の「茶がゆ・おかゆ」を常食とする地域では、粥の「とろり」とした食感と正反対の「ぽりぽり、かりかり」と音を立てて食べる漬けものが、食卓には不可欠の存在となった（三重、奈良、和歌山、島根、山口、愛媛、佐賀）。

各地の特徴的な漬けもの　『日本の食生活全集』では、全国で漬けものに関して一六四三項目が記載されているが、その中で最も多いのは、「沢庵漬け（たくあん・たくあん漬など）」で五一〇項目であった。保存性の高さ・味・食感・手頃な素材などが人々の支持を得たのであろう。明治時代以降、急速に普及した結球キャベツや白菜などの野菜を除けば、現在ある漬けものの大半は、江戸時代にすでに出揃っていた。前節では沢庵漬けや名産化した各地の漬けものについて紹介したが、それ以外の漬けものについても紹介したい（小川敏男　一九八四、桜井・足立　一九三四）。

岩手には、シロウリのわたをくり抜き、そこに昆布に巻いたごぼう・人参《にんじん》・しそを詰め、味噌漬けにした「きんこん漬け」がある。味噌を仕込む際にともに漬け込み、三年後に味噌を封切りし、一年後に味噌を食べ終わった頃、樽《たる》の底からこの漬けものが姿を見せる。名前の由来は、長期保存の漬けものであることから「金婚式」にちなんで付けられた、切り口が「きんこ」（なまこの一種）に似ている、「きんか」（マクワウリ）を使うなどさまざまである。貴重品であることから、日常食では食べられないが、保存性が高いことから凶作などの折の非常食としての意味も持った。同様のウリの中に詰め物をした味噌漬けは「印籠《いんろう》漬け」とも呼ばれ、各地にある（岩手、新潟）。

現在、秋田名産品として注目されている「いぶりがっこ」は、屋外で大根を乾燥させる「外干し」の沢庵漬けに対する「内干し」の沢庵漬けのことであった。内干しには、肉質が堅い秋田大根を用い囲炉裏《いろり》の火棚《ひだな》の上に吊して乾かし、外干しには、肉質が軟らかい練馬《ねりま》大根を用いた（秋田）。

茨城の「しょぼろ納豆」は、すでにできあがっている納豆にいちょう形に刻んだ切り干し大根を混ぜて甕《かめ》に入れ、煮立てて冷ました塩水をかけて熟成させれば半年後には食べられる。これに対して、山形県南部で食べられる「納豆漬け」は、挽き割り納豆を作った後、甘酒と塩のみを加えて寒中に甕に仕込み、春になると食べる（茨城、山形）。

全国的に流通するようになった長野の「野沢菜漬け」は、北信（長野市周辺）と東信（佐久《さく》市周辺）では「お葉漬け」と呼ばれてきた。一七五六年（宝暦六）に信州野沢の住職が京都で修業した際に持ち帰った赤カブの種子を育て、それが土着化して「野沢菜」となった。一八七七年（明治一〇）の『長野県町村誌』には、「蕪菜《かぶな》」として北信地方全域で栽培されていることが記されている。しかし、中信（安曇平《あずみだいら》周辺）と南信（諏訪《すわ》市周辺）では、「お葉漬け」というと、「稲こき菜」の塩漬けを指していた（長野、小川敏男　一九八四）。このように「お葉漬け」は広範な地域で使用されている呼称である。いくつか例を挙げると、群馬では白菜、福井ではしゃくし菜や水菜・白菜などの季節の菜物、愛媛では大根間引き菜などの塩漬けや浅漬けを総称している（群馬、福井、愛媛）。

直径二、三チセン、長さ一メートル以上のごぼうのように細長い守口《もりぐち》大根を糟漬けにした「守口漬け」は、漬物屋から購入する漬けものである。元々、大坂の河州《かしゅう》守口で在来の細長い宮重《みやしげ》大根を使用し漬けられた守口漬けが、美濃《みの》を経由し、名古屋に入り、名古屋商人によって加工・販売された。食べるのは、特別な日のみである（愛知）。

「高菜漬け」は九州全域で食べられている。高菜漬け自体は、東北地方から関西地方・中国地方・四国地方と幅広く作られている（岩手、京都、大阪、三重、岡山、山口、高知）。夏になると古漬けを刻み、塩出しして炊いて食べ、だしに炒り粉を使い唐辛子を入れることもある（広島）。あるいは油炒めにして食卓にあげている（鹿児島）。また、宮城では酸味を帯びてきた「もち漬け」（長期保存できる高菜漬け）を塩出しし、正月の残り物の鮭《さけ》の頭とともに糟煮にする（宮城）。「寒《かん》漬け」は塩漬けした大根を寒風にさらして細くなるまで乾燥させ、桶《おけ》に密封し、食べる時に薄く刻んで水で戻し、醤油・酢・砂糖をかけて食べる。乾物と漬けものが融合したようなものである（山口、鹿児島、柳田　一九七四）。

　食用以外に、薬代わりに用いられることも多い。前出の『日本の食生活全集』には民間療法が取り上げられている。梅干しを直接患部やその周辺に貼り付けて処置する頭痛（群馬、京都、佐賀、熊本、宮崎）や歯痛（群馬、岡山、長崎、佐賀、熊本）以外に、腹痛や下痢（山梨、愛知、宮崎）、食あたり・胃腸薬（栃木、熊本、長崎）にも活用する。また、梅干しを焼いて番茶や熱湯に入れて風邪・解熱・咳止め（岩手、千葉、埼玉、東京、山梨、岐阜、滋賀、広島、大分、宮崎、鹿児島）や疲労回復（福島、和歌山）に使用された。梅干しの種子を黒焼きにしたものは肺病や肋膜（炎）にも用いられた（長崎）。また、「梅干しが腐ると何か不幸なことがある」・「毎日一つ食べると災難を逃れる」（佐賀）などの言い伝えもある。

4　漬けものと人、そして神

漬けものと人―評価と交際　多くの地域で漬けもののでき具合は、その家の主婦に対する評価の物差しとされ、特に、漬けものを切らしてしまうことは恥であると考えられた。漬けものに使う塩の量と打ち方は、姑《しゅうとめ》に教えてもらい体で覚える。一年中、たっぷり食べられるように、繰りまわしを考えて計画的に漬け、家族が喜ぶ味に仕上げることに主婦の面目がかかっていた（岩手、福島、東京、新潟、石川、京都、大阪、奈良、三重、和歌山、岡山、福岡、佐賀、熊本、大分、宮崎）。

また、漬けものは、人と人を結びつける食べものでもある。味の良い漬けものは、手みやげとして持ち歩くために、それぞれ自慢の味を出そうと工夫する（青森）。岩手では、正月三日と五月五日の節供の日は「しゅうと礼」と定められていて、少なくとも三年間、若夫婦は嫁（または婿）の実家を訪ねる。この時に漬けものなどを手みやげに持って行くことになっており、暮らしの中で非常に重視されてきた。講《こう》をはじめとする寄り合いでは、各家自慢の漬けものが披露され、親しい人への手土産にもなった（岩手、工藤　二〇一一）。長い冬の間に食べる漬けものの量は、家族以外に、茶飲み客やもらい風呂に来る人への茶請けのことも考えて、半年以上もつように大量に漬け込む（新潟）。沖縄でも、地漬けは朝の茶請けや日常食以外に、接待用や遠くから来た親戚への手土産に持たせる（沖縄）。

漬けものは歴史に登場した時点から、すでに人と人の間を取り持つ「進物《しんもつ》」「贈答」「交際のツール」であった。第1節で紹介したように、日本における最古の漬けものの記録は、奈良時代の長屋王《ながやのおう》邸宅《ていたく》跡から出土した長屋王への漬けものの進物の木簡であった。そこには、冬瓜《とうがん》や茄子《なす》の糟漬けや冬瓜・ミョウガの醬《ひしお》漬けが贈られたことが記されていた。その後、中世においても、『お湯殿の上の日記』に一四七八年（文明一〇）から禁裏（天皇家）へ「梅漬け」「梅干し」が献上されたことが記されている。また、近世以後も、禅僧や社家の人々が交際を深めるための贈り物の品の一つとして梅干しが選ばれている。鹿苑寺《ろくおんじ》（金閣寺）の住職が正月のお年玉として親しく付き合いのある人々に梅干しを送った記録が『隔冥記《かくめいき》』（一六四三年〈寛永二〇〉正月朔日《ついたち》条）に残されている（有岡 二〇〇二）。

江戸中期の御家人の日常生活を描いた『官府御沙汰略記《かんぷごさたりやつき》』（一七四五年〈延享二〉—七三年〈安永二〉）によれば、漬けもの作りが男性（幕臣）の武芸の一つとして位置づけられている。幕臣手作りの「梅干し漬け」「大根の浅漬け」「薬漬」「百一蓄漬け《ひやくいちたくわえ》」「塩辛蓄漬」「ぬか漬け」「茄子の百一漬け」「白瓜漬け」「紫蘇の葉の塩漬け」「高菜漬け」「ラッキョウの酢漬け」などの多様な漬けものが、親類知人や同僚の幕臣に贈られた記録が残されている。また、「梅アチャラ漬け」などの南蛮起源の漬けものや「蓄漬け」の漬け方を他の幕臣と情報交換をしていた（氏家 一九九三）。女性のみでなく、一家を代表する主である男性が漬けもの作りやその贈答・情報交換を行っていたということ自体、漬けものが立派な「交際ツール」であったことを物語っているのではなかろうか。

漬けものと神　第1・2節で述べたように、貴重な塩や調味料、そして手間暇をかけた漬けものは、高貴な身分の者への贈答品であった。と同時に、それは神饌《しんせん》（神への供えもの）としても用いられてきた。最後に、漬けものと深く関わる全国的にも珍しい神事についてふれておきたい。名古屋にほど近い愛知県あま市にある萱津《かやつ》神社の香物祭である。この祭礼は現在でも毎年八月二一日に行われ、全国の漬けもの業者が集まる。神事を経た茄子・瓜などの夏野菜の塩漬けを熱田《あつた》神宮の祭りに合わせて年四回、特殊神饌として献進している。

この神事については、江戸時代の『尾張名所図会《おわりめいしょずえ》』（一八四一年〈天保一二〉）や滝沢馬琴《たきざわばきん》の旅行記『蓑笠雨談《さりつうだん》』（一八〇四年〈文化元〉）にも見ることができる。里で市があった折、初なりの瓜や茄子を熱田神宮に奉納して感謝の意を捧げようとしたが、遠路のため行けない男がいた。そこで彼は「あわでの森」（萱津神社）の竹藪《たけやぶ》の中に甕《かめ》を置き、野菜を塩漬けにして保存し、時期を待って奉納した。これが「藪に香の物」と名付けられ、萱津神社が香の物の起源の地とされた由縁とされている。井後政晏は、萱津から熱田神宮への香の物の献進開始時期について、室町時代以前に遡ることは確実であるとする。第一に熱田の社家が記した『永禄二年厨家筆記』（刊行年不明、永禄二年は西暦一五五九年）の「萱津禰宜《ねぎ》より春斎日三日め香の物持来ル」の記録、第二に萱津村が熱田神宮の社領に名を連ねていたとする記録による（井後　一九八四）。

これに対し、小川聖子は「藪に香の物」を、鎌倉時代以降、『平家物語』や『十訓抄《じっきんしょう》』などに見られる「藪に剛の者」（草深い所にも優れた人物が居ること）の故事にちなんで、江戸時代になって「藪に香の物」と表現されて人口に膾炙《かいしゃ》したのではないか、と分析する。荘園制の廃止後、江戸時代に尾張初代藩主徳川義直《とくがわよしなお》が、一六二三年（元和九）に、萱津の正法寺《しょうほうじ》に対し租税を免除する除地として、田畑四反三畝の「香物領」を与えた。神宮の社領は寺の香物領へと引き継がれ、熱田神宮への献進は継続

図3　香物祭（愛知県あま市萱津神社、2016年撮影）

図4　香物祭で野菜を社殿に運ぶ様子（同前）

された。献進の内容については、『尾州海東郡覚書帳《びしゅうかいとうぐんおぼえがきちょう》』に香物の種類・数量・容器・届け期日・供《く》物《もつ》の米や神酒《みき》・柳箸《やなぎばし》の長さに到るまで詳細に記されている（小川聖子・小菅　二〇一五）。

5　現代人と漬けもの

健康志向と減塩　高度経済成長期を迎え、食の簡便化が進むと、「漬物の素」などが考案され、発酵を伴わない塩味で揉んだものが漬けものとして食膳《しょくぜん》にのぼる機会も増えた。他方、健康志向がより一層高まる現代社会において、漬けものは「低塩増酸」つまり、できるだけ塩分は少なく、酸分を多めにすることを志向し始めている。塩蔵することにより、保存食としての役割を果たしてきた漬けものは、高血圧などの生活習慣病の原因となる改善すべき食品として俎上に載せられた。「長野県における健康増進施策」を見ると、長野県では一九八〇年（昭和五五）には県民減塩運動が開始されている。八〜一〇％以上あった塩分は、五％足らずに抑えられるようになった（江原他　二〇〇九、小川敏男　一九九九）。

漬けもの消費の調査　では、近年、どのような漬けものが購入されているのか、まずはじめに総務省の『家計調査年報』「一世帯あたり年平均一ヶ月の支出—二人以上の世帯（平成一二年〜二八年）」における漬けものの購入金額の推移をグラフ化した。ここでは「漬けもの」が「梅干し」「だいこん

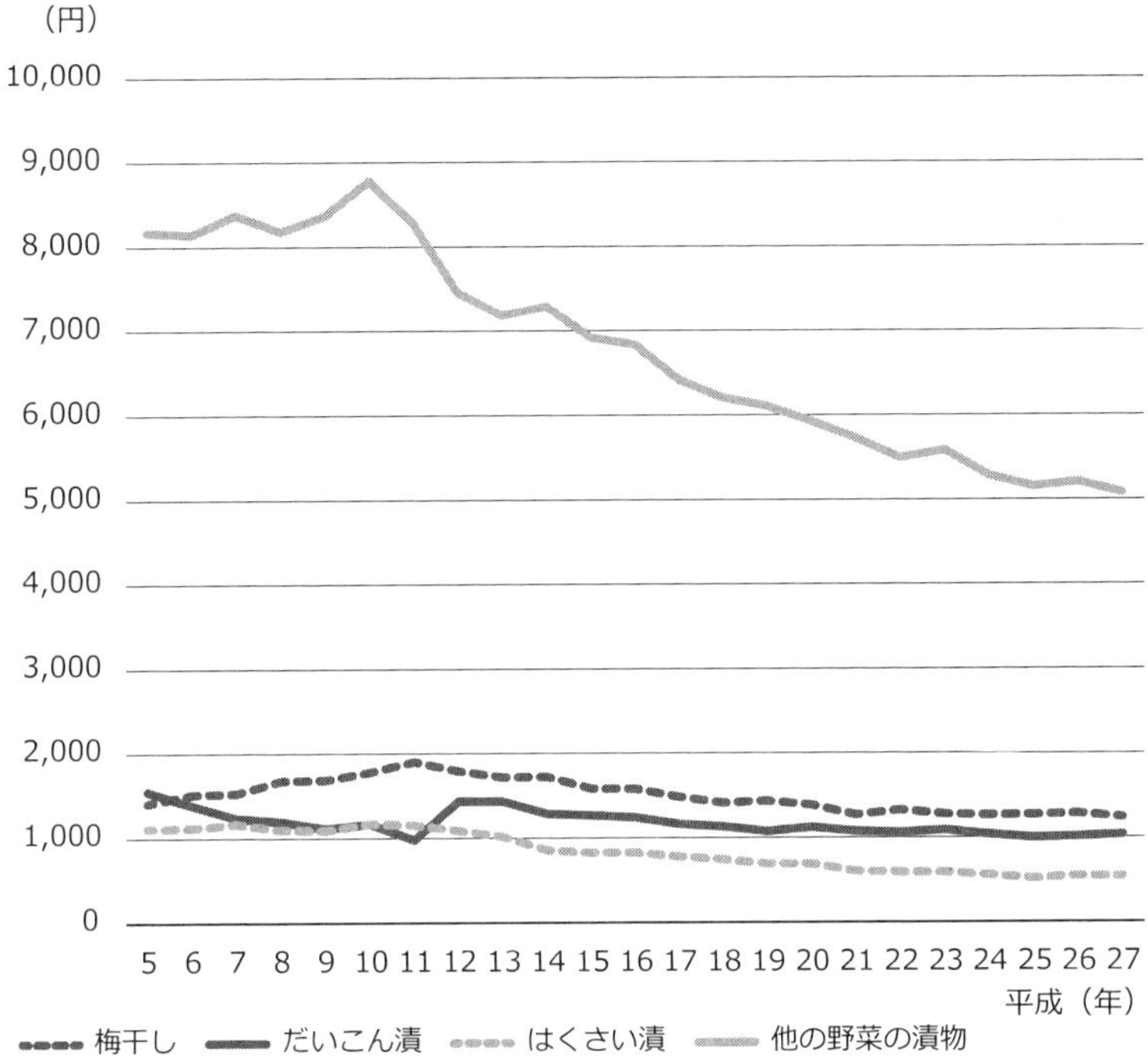

図5　漬けものの購入金額の推移(総務省家計調査より作成)

漬」「はくさい漬」「他の野菜の漬物」の四項目に分類されている。「梅干し」には、梅漬・小梅漬・梅かつお・ねり梅が、「だいこん漬」には、浅漬け・しそ巻きたくあん・こんぶたくあん・つぼ漬・べったら漬・だいこんと他の野菜の混合漬物が含まれる。また、「はくさい漬」には、はくさいのキムチ・山東菜《さんとうさい》の漬物・はくさいと他の野菜の混合漬物が、「他の野菜の漬物」には、奈良漬・わさび漬・福神漬・風味漬・味なす・四川漬・山家《やまが》漬・らっきょう漬・紅しょうが・しょうが漬・しその実漬・ふきの塩漬・すももの塩漬・桜花の塩漬・焼酎漬けの梅・ザーサイ漬・ピクルス・塩メンマが含まれる（http://www.stat.go.jp/data/kakei/kou27/reiji27.html）。

しかし、以下に示すように、これらの「購入品（買う漬けもの）」は「嗜好性（好きな漬けもの）」や「喫食率（食べた漬けもの）」と必ずしも一致しない。ここで食品・種苗会社、また、都内の大学により行われたアンケート調査結果を示し、購入品と比較してみたい。

タキイ種苗は、二〇一五年（平成二七）七月に二〇〜六〇代の男女三五七名を対象に漬けものに関するアンケート調査を行った。「漬けものを食べる頻度」について尋ねたところ、「月に数回」（三八・七％）が最多で、「週に数回」（三五・三％）、「ほぼ毎日」（一五・七％）と続いたが、後者二つを合わせると、五一・〇％となり、約半数が漬けものを「週に数回以上」食べていると回答している。また、「好きな漬けものの種類」は、第一位が「浅漬け」（七六・五％）、第二位が「ぬか漬け」（五二・七％）、第三位が「たくあん」（四九・三％）であった。しかし二〇代、三〇代では、「ぬか漬け」の支持率は低く、

「たくあん」や「キムチ」の人気が高かった。また、漬けものの入手方法（複数回答可）については、「市販の物を購入する」（七九・三％）、「家族や友人・知人が漬けたものをもらう」（二四・六％）、「市販の漬けものの素を購入して自分で漬ける」（二二・四％）、「自分で調味料を用意して漬ける」（一八・五％）、「外食で注文する」（一九・六％）、その他（三・六％）となっている。八割近くが購入しているものの、即席調味料の使用も合わせると四割近くは自分で漬け、また、漬けものの贈答も二番目に多かった（http://www.takii.co.jp/info/news_150714.html）。

さらに、タキイ種苗の調査の約一〇年前（二〇〇六年五月）にアサヒホールディングスが二〇才以上の男女一九八七名に対して行ったアンケート調査と比較してみる。「漬物を食べる頻度」は、「ほぼ毎日」（三六・九％）が最多で、「週に二、三回」（二七・九％）、「週に四、五回」（一六・一％）と続き、「週に数回以上」食べている割合は、合計で八〇・九％となり、一〇年後の五一％を大きく上回る。また、「好きな漬物の種類」については、第一位が「白菜（の浅）漬」（五九・五％）、第二位が「キムチ」（五一・八％）、第三位が「たくあん漬」（四九・〇％）であった。「キムチ」は二〇～三〇代に人気があり、四〇代以上には、「白菜漬」と「ぬかみそ」が好まれた。この点は一〇年後と共通する。漬けものに関する地域ごとの嗜好性というものも示され、信越地方では、「野沢菜漬」（信越五三・一％、全国三九・七％）、中国地方では、「広島菜漬」（中国二六・二％、全国四・三％）、九州地方では「高菜漬」（九州五五・一％、全国二五・一％）の人気が高かった。漬けものの入手方法（複数回答可）は、「スーパーマーケットでの購入」（八二・〇％）、「百貨店・漬物専門店で買う」（二二・七％）、「母親や友人が作る漬物をもらう」（三二・三％）、「漬物の素で自宅で漬ける」（二六・五％）、「自宅で漬ける」（二五・一％）と、やはり購入派が多いが、自宅で漬ける割合も一定数いる（http://www.asahigroup-holdings.com/company/research/hapiken/maian/bn/200605/00135.html）。

若年層に限定し、大学生一四二名を対象に二〇一五年に杉野服飾大学で行われた「漬け物の嗜好について」のアンケート調査では、漬けものを「一日に一回食べる」（二六・五％）、「二～三日に一回食べる」（二三・五％）で、週に数回食べている者がちょうど半数になる。総菜弁当に少量入れられている漬けものも含むためではないか、との調査者の指摘もあるが、たとえ少量でも口にする「機会」は予想していたほど少なくはない。その中で最も食べられているのが、「キムチ」で「梅干し」「浅漬け」「たくあん」と続く。これに対して、下位には「千枚漬け」「わさび漬け」「奈良漬け」「野沢菜」が並ぶ（小川聖子・紀・小菅　二〇一五）。

漬けものの食の嗜好　家計調査とこれらの三つのアンケート調査の結果をまとめてみると、ごく最近の資料でも、約半数の人が「週に数回は漬けものを食べる機会がある」、そして、少なくともここ一〇年は、八割の人々が漬けものを購入して食べていることがわかった。二〇～三〇代ではキムチ、四〇代以上ではぬか漬けなど、世代間で嗜好の差が見られるが、浅漬けと沢庵《たくあん》漬けは共通して食べられている。大学生の認知度や喫食経験が少ないものとして千枚漬け（京都）、わさび漬け（静岡）、奈良漬け（奈良）、野沢菜（長野）が挙げられた結果について、回答者の七割以上が関東地域出身であったこととの関連性がアンケートの調査者により指摘されている（小川聖子・紀・小菅　二〇一五）。しかし、アサヒホールディングスのアンケート結果にもあるように、「地域に根ざした漬けもの」の「地域住民支持者」は依然、一定数いる。キムチを好む二〇〜三〇代が、壮年期・高齢期を迎えた際に、食の嗜好が変化するのか、しないのか、興味深く見守っていきたい。即席調味料の使用も合わせると、自分で手作りするものは四〜五割おり、二〜三割が親や友人から漬けものをもらっている。「漬けものを介した交際」は江戸時代以降、途絶えたわけではないことがわかる。

以上、漬けものの歴史に始まり、特に人との関わりを中心に述べてきた。米同様に漬けものの消費量の減少は歯止めをかけるべき大きな問題だが、地域に根ざした漬けものを住民がどのように受けとめていくかについて見守っていきたい。

（謝辞）香物祭に関する資料収集に関しては、甚目寺町歴史民俗資料館の皆さまにお世話になりました。記して謝意を表します。

参考文献

有岡利幸　二〇〇一年『梅干』ものと人間の文化史、法政大学出版局
井後政晏　一九八四年「「藪に香の物」を献る萱津の伝統的行事」『あつた』一三二

石川寛子・市毛弘子・江原絢子　一九八八年『食生活と文化』弘学出版
氏家幹人　一九九三年『小石川御家人物語』朝日新聞社
江原絢子　二〇〇〇年「日常の食材と料理」旅の文化研究所編『落語にみる江戸の食文化』河出書房新社
江原絢子・石川尚子・東四柳祥子　二〇〇九年『日本食物史』吉川弘文館
小川敏男　一九八四年『つけもの通』東京書房社
一九九六年『漬物と日本人』NHKブックス、日本放送出版協会
一九九九年「漬物にみる味覚の成り立ち」『vesta（特集　味の文化論）』三六
小川聖子・紀まき子・小菅麻衣良　二〇一五年「本学学生における漬け物の嗜好について」『杉野服飾大学・杉野服飾大学短期大学部紀要』一四
小川聖子・小菅麻衣良　二〇一五年「萱津神社の香物神事について」『杉野服飾大学・杉野服飾大学短期大学部紀要』一四
奥村彪生　二〇一六年『日本料理とは何か』農山漁村文化協会
喜田川守貞著、宇佐美英機校訂　一九九六年『近世風俗志（守貞謾稿）一』岩波文庫
二〇〇二年『近世風俗志（守貞謾稿）五』岩波文庫
工藤紘一　二〇一一年「聞き書き　岩手の年中行事」『岩手県立博物館研究報告』二八
桜井秀・足立勇　一九三四年『日本食物史　上・下』雄山閣（のち一九九九年、新装版）
成城大学民俗学研究所編　一九九〇年『日本の食文化—昭和初期・全国食事習俗の記録—』岩崎美術社
一九九五年『日本の食文化（補遺編）—昭和初期・全国食事習俗の記録—』岩崎美術社

瀬川清子　一九五六年『食生活の歴史』講談社（のち一九七八年、名著シリーズ、講談社）
関根真隆　一九六九年『奈良朝食生活の研究』吉川弘文館
「日本の食生活全集」編集委員会編　一九八四—九三年『日本の食生活全集』全五〇巻、農山漁村文化協会
練馬区教育委員会編　一九八四・八五年『練馬大根　その一・その二』
農山漁村文化協会編、奥村彪生解説　二〇〇三年『聞き書ふるさとの家庭料理第8巻　漬けもの』農山漁村文化協会
樋口清之　一九六〇年『日本食物史』柴田書店（のち一九八七年『新版　日本食物史』）
宮本常一　一九七七年『宮本常一著作集24　食生活雑考』未来社
柳田国男　一九七四年『分類食物習俗語彙』角川書店
渡辺　実　一九六四年『日本食生活史』吉川弘文館（のち一九七七年）

茶――味と香りを楽しむ――

渡部圭一

1 嗜好品としての茶

茶は私たちの暮らしに溶け込んでいる。たとえば食後や休憩の時間、来客に対するもてなしやふるまいの機会、あらたまった行事の席といったように、さまざまな時と場に茶が登場する。もちろん、来客や行事の席で茶を飲むのは、栄養をとるためでも渇きをいやすためでもない。それでいて茶がないと物足りなく感じるのは、私たちが茶を飲むこと自体を楽しみ、その風味や香りを楽しみ、またその場を誰かとともにすることを楽しんでいるためだ。楽しみに比重がある点で、茶はいわゆる嗜好品に相当する。

食文化としての茶の研究があまり進められてこなかった原因もここにある。庶民の暮らしのなかの茶の歴史像や、アジア規模・世界規模でみた際のその特徴は、すこし時代をさかのぼれば、わからない部分のほうが多い。その最大の要因は、伝統的な食文化への関心が、たとえば米や雑穀のように人々の生存を直接左右する食べものに偏り、茶のような嗜好品は、どちらかといえば無視しても差し支えない程度の扱いにとどまってきたからである。

階層差の問題も大きい。かつて守屋毅は、「問題は、茶といえば茶の湯のことだとする通念もしくは偏見にある」と喝破したことがあるが（守屋　一九八一b）、今日でも日本の茶の文化といえば、茶の湯やそこで用いられる抹茶《まっちゃ》の伝統として語られやすい。茶の湯の道具や建築、思想の解説、歴代の茶人伝といったものがそれにあたる。私たちの暮らしのなかの茶を理解する上で参考にするべき、過去の生活文化としての茶の実態は、茶の湯を中心に語られる歴史のなかではほぼ無視されてきた。

ここでは、過去の庶民層の暮らしのなかの茶、あるいは列島各地の茶の文化の多様性に目をむけることで、食文化としての茶の特性を浮き彫りにしてみたい。そこでは茶はどのように作られ、飲まれていたのか。その味わいは、また楽しみ方は、現在のそれとどう違っていたのか。歴史学の研究成果の助けを借りつつ、いくつかの新しい資料も交えて、庶民層の茶の生産と消費の実態にせまってみよう。

2 茶の民俗分類——日本の不発酵茶——

分類のしかた　茶の分類はむずかしい。原料はツバキ科ツバキ属の常緑樹であるチャノキ *Camellia sinensis* という、わずか一種の植物の葉や茎でありながら、その製品や工程があまりに多彩だからである。現代の日本の茶に限っても、栽培方法によるか、製造工程によるか、さらに製品となった段階の茶の形状や飲み方まで含めるかなど、分類の基準は多い。ここに中国、日本、ヨーロッパといった地域の違いや、それぞれの地域の時代ごとの変遷を視野に入れるとなれば、さらに分類は複雑化する。

手始めに、今日手に入れることのできる茶を列挙すると図1のようになる（渕之上康元・渕之上弘子一九九九）。もっともありふれた茶は「緑茶」で、市販の茶のパッケージでも目にすることが多い。現在の生産者や流通・小売の場面ではこれは「煎茶《せんちゃ》」とよばれている。一方、「抹茶《まっちゃ》」や「玉露《ぎょくろ》」といえば特殊な茶で、その響きにはどこか高級感がある。「番茶《ばんちゃ》」ということばも命脈を保っているが、これは反対に、やや質が落ちる茶といった語感をもつ人もいるだろう。

製造の流れ　これらの用語を理解する上で、まず現代の茶業の現場に目をむけてみよう。一例として、埼玉県の地場産業である「狭山茶《さやまちゃ》」の近年の様子は以下のようなものである。茶摘みとその加工は、各工場いっせいに始まる。例年、一番茶が五月初旬〜中旬ころ、二番茶が六月下旬〜七月初旬こ

- 茶
  - 不発酵茶
    - 蒸し製
      - 煎茶（普通煎茶，深蒸し茶），（手揉み茶，機械揉み茶）
      - 玉露
      - かぶせ茶
      - 碾茶→抹茶
      - 玉緑茶
      - 番茶・ほうじ茶（晩茶も含む）
    - 釜炒り製
      - 玉緑茶
      - 中国緑茶
  - 発酵茶
    - 半発酵茶
      - ウーロン茶，包種茶
    - 強発酵茶
      - 紅茶
    - 後発酵茶
      - 碁石茶，阿波晩茶，バタバタ茶，プーアール茶
  - 新製品
    - ギャバロン茶，緑茶ドリンク，インスタント茶，ティーバッグ
    - 低カフェイン茶，水出し煎茶，新香味茶，着香茶

注　＿＿をつけたものは、日本でつくられている茶。……をつけたものは、1999年時点で日本で試作品程度につくられていたもの。

図1　現在の茶の分類（渕之上康元・渕之上弘子　1999年『日本茶全書』より転載、一部改変）

ろである。猛烈な繁忙期が幕をあけるのである。茶摘みには全自動のレール式や一人乗りの乗用型の機械を用いる（図2）。工場に搬入された生葉は、いわば生ものなので、即日、加工に回される。

工程は、生葉を荒茶《あらちゃ》の段階にする一次加工と、その荒茶を最終的な製品茶にする二次加工（再製）に大きく分けられる。焙炉《ほいろ》を使った手揉み製茶は過去のもので、一次加工のラインは主として蒸し機（図3）、粗揉《そじゅう》機、揉捻《じゅうねん》機、中揉《ちゅうじゅう》機、精揉《せいじゅう》機、乾燥機で構成される。これが二次加工（選別、火入れ、ブレンドなど）され、袋詰めされて店頭に並ぶ。狭山茶は、生葉生産から加工の全過程、そして販売までが分業化せず、個々の茶工場によって担われている点がユニークである。

図2　茶園と乗用型の摘採機(埼玉県入間市根岸・中神周辺、2010年撮影)

図3　生葉を蒸す機械(埼玉県所沢市糀谷、2007年撮影)

ちなみに玉露の工程は煎茶に準じるが、通常の茶（露天茶）ではなく覆下茶《おおいした》（茶園全体を覆いで遮光してつくられる茶）を用いる。碾茶《てんちゃ》も覆下茶が原料で、生葉を蒸したあと、揉まずに乾燥させたものをいう。この碾茶を石臼で挽《ひ》いて粉末状にしたのが、よく知られた抹茶である。一方、番茶は二番茶以降の硬い葉を用いるなど、煎茶より品質の劣る茶を指すことが多いが、製造工程そのものは煎茶と同じである。

このような現代の製茶工程において、すべてに共通するのが始めの加熱である。葉に含まれる酸化酵素を失活させる工程（殺青《さっせい》）で、これにより日本の茶は「発酵させない」茶になる。蒸し以外の加熱方法は、今日の製茶の現場では稀である。

発酵か不発酵か　図4に示すのは、茶の発酵の程度ごとに色で名を付けた中国語の分類体系である（守屋　一九九二）。強く発酵させた茶である「紅」茶、逆に発酵させない「緑」茶は、この分類に由来している。たとえば独特の風味で知られる中国の鉄観音《てつかんのん》や普耳茶《プーアルちゃ》は発酵茶の一種で、工程の始めに葉を酸化発酵させ（萎凋《いちょう》）、独特の香気を得る。同じチャノキを材料にしながら、発酵させるかさせないか、またどの程度発酵させるかという作り方の違いによって、茶はじつに多種多様なものになる。

いずれにしても煎茶を筆頭とする各種の日本の茶は、ほぼすべてが不発酵茶すなわち緑茶である。一方で、中国茶といえば発酵茶を想起しやすいが、実際は現代中国の国内の茶消費の多くは緑茶であるというように（趙・池田　二〇〇六）、不発酵茶にはアジア的な広がりもある。つまり日本の不発酵茶

図4　中国の茶の分類　六大茶類と発酵（守屋毅　一九九二年『喫茶の文明史』より転載）

不発酵茶	**緑茶**	殺青→揉茶→乾燥
発酵茶	**黄茶**	殺青→揉捻→初烘→攤晾→再烘→悶黄
	黒茶	殺青→初揉→渥堆→復揉→烘焙（後発酵茶）
	青茶	萎凋→揺青→炒青→揉捻→乾燥（半発酵）
	白茶	萎凋→乾燥（弱発酵）
	紅茶	萎凋→揉捻→発酵→乾燥（発酵）

は緑茶の一種（地域的展開のひとつ）であり、そのまた一種が現代の煎茶だと捉えておくのが正確である。

歴史的にみても、日本の茶の特徴はこの不発酵茶の伝統にある。これは多様な発酵段階の茶を享受してきた中国や、紅茶という特定の発酵茶を流通させたヨーロッパとの違いでもある。幕末の開国後、日本の輸出品の二大品目は生糸と茶であったが、英米いずれの市場でも紅茶に押され（角山一九八〇）、茶の輸出は長続きしなかった。世界規模でみれば、日本の茶は不発酵茶を中心とするローカルな伝統を形作ったまま現在に至っている。

とはいえこの不発酵茶のすべてがいまいう煎茶だったわけではない。いまの煎茶に繋がる系譜の茶と、それにはまとめきれない茶がある。「鬼も十八、番茶も出花」（番茶でも淹れたては美味しいように、年頃になればどんな娘も美しい）、この諺《ことわざ》が示すように、品質の劣る茶を広く意味する「番茶」ということばがある。研究者のあいだでも、「煎茶」の系譜とは異なる多様な茶のことを「番茶」と総称する考えが有力である（守屋　一九八一c）。

あらかじめ要点を述べておこう。茶の楽しみ方にはさまざまな歴史的変遷がある。江戸時代になれば、庶民の間でも、現在の煎茶に繋がる茶が普及しつつあった。ただ今日私たちが慣れ親しんでいる急須《きゅうす》やポットをつかった煎茶や紅茶の淹《い》れ方は、すぐに定着したわけではない。また一口に日本の茶といってもその種類は幅広く、アジアの各地にみられる多様な飲み方にも通じる地域差があった。この時代差と地域差をいかに理解するかが、茶の文化の奥行きをみる際の重要な鍵になる。

3 茶の世界史・アジア史・日本史——通時的な視点——

世界の茶とアジアの茶　世界の茶の歴史は、ヨーロッパ諸国による紅茶の享受の歴史として描かれてきた。紅茶はコーヒーと並び語られるように、グローバル経済のなかの嗜好品の双璧である。その物語は、おおむね一六一〇年代にオランダが日本と中国の茶をはじめて輸入したあたりから始まる（角山　一九八〇）。もとより東アジアの茶の歴史のなかでは、一七世紀という時代はごく新しい段階である。またヨーロッパにとって紅茶はつねにアジアからの輸入品であり、純粋な消費地であった点にも留意したい。

一方、中国の茶は、南北朝から唐《とう》の時代以来の長い変遷をもつ。中国の文化史では、各時代の代表的な喫茶法を、煎茶法《せんちゃほう》（唐代）→点茶法《てんちゃ》（宋《そう》代）→泡茶法《ほうちゃ》（明《みん》代）と整理する研究者が多い。そして日本の社会も、その継続的な影響下に、おそくとも九世紀はじめにさかのぼる茶の受容を経験してきた。

その歴史的変遷は複雑であるが、通説によれば、その画期は大きく分けて三度ある。

日本の喫茶の歴史　以下の日本の茶の変遷に関する記述は、個々に引用を特記したものを除き、これまでの主な通史的研究（岩間　二〇一五、大石　一九八三、高橋　二〇〇〇、橋本素子　二〇一六、村井　一九七九、山田　二〇〇八、吉村・若原　一九八四）に依拠して再構成したものである。細部には異説も多いが、ここでは段階ごとの特徴を整理しておこう。

第一は、平安時代のはじめに入唐僧《にっとうそう》が持ち帰った煎茶法（煮出す茶）である。記録の上では『日本《にほん》後記《こうき》』の八一五年（弘仁六）四月二二日条、近江唐崎《おうみからさき》に行幸した嵯峨《さが》天皇に梵釈寺《ぼんしゃくじ》（のち廃寺）の大僧都《だいそうず》永忠《えいちゅう》（七四三―八一六）が茶を煎じて献じたとする記事を初見とする。永忠のほか、最澄や空海に比定する説もある。このころの茶は、固形茶の一種を粉末にして篩《ふる》い、それを湯で煮出して飲んだものと推定されている。

第二は、宋代の中国で行われた点茶法（点《た》てる茶）である。このとき持ち込まれたのは、固形茶ではなく葉茶を用い、これを粉末にして湯を注いでかき混ぜて飲む方法であったと推測されている。一一九一年（建久二）に二度目の入宋《にっそう》から帰国した栄西《えいさい》が、当時の中国の寺院・民衆のあいだで行われていた喫茶の見聞をまとめた、わが国初の茶書である『喫茶《きっさ》養生記《ようじょうき》』では、主にその薬用効果が紹介されている。

こういった経緯から明らかなように、喫茶は中国からもたらされ、まず古代末から中世前期の寺院社会において受容された。平安期にはすくなくとも宮廷の大内裏の一画に茶園が設けられており、法《ほう》会《え》に従事する僧侶たちの疲れを癒したり眠気をさましたりする、一種の薬として供給されていた。鎌倉時代前期から中期にも、茶は京都・奈良の寺院の境内茶園で生産され、消費の範囲は一部の寺院に限られていた。

一方、鎌倉時代の後期から室町時代にかけて、京都では闘茶《とうちゃ》の会の盛行をみるなど、寺院・寺僧による茶から遊興の茶への推移がみられる。京都や奈良以外にも産地がひろがり、寺院境内だけでなく農村にも茶園が成立し、商品として流通し始めた。一四〇三年（応永一〇）には東寺《とうじ》南大門前に一服一銭の茶店ができ、宇治《うじ》の茶を題材にした狂言《きょうげん》も作られた。茶の消費が徐々に世俗化していく動きを見出すことができる。いわゆる茶の湯の成立もこの延長上にある。

抹茶《まっちゃ》の産地として著名な宇治茶の初見は『仲秋記』一三七四年（応安七）四月一日条に遡る。一四〜一五世紀には宇治・栂尾が二大産地として確立し、茶の湯が盛行し始める一六世紀には、宇治の茶が贈答や貢納の品としてもてはやされた。永禄年間（一五五八—七〇）ころには「覆下茶園《おおいした》」の発明によって抹茶が改良され、茶の湯の需要に応えたという（橋本素子　二〇一六、吉村・若原　一九八四）。

第三は中国の明代に行われた泡茶法である（淹《い》れる茶）。江戸時代前期に日本に持ち込まれたもので、その功績は福建《ふっけん》省福州《ふくしゅう》府の万福寺《まんぷくじ》の住持を務め、一六五四年（承応三）に来日した隠元《いんげん》（一五九二—一六七三）に比定されている。隠元がもたらした茶の製法を知る直接の手がかりはないが、加熱したあと乾燥させるだけであったそれまでの製法に対し、はじめて茶葉を「揉む」工程が取り入れられたものと推定されている（橋本素子　二〇一六、中村　一九九八）。

同じく隠元のころの茶の飲み方を推測すると、湯を沸かして火からおろし、その湯のなかに茶葉を入れて抽出する（もしくは湯を沸かしたところに茶葉を入れ、すぐに火からおろして抽出する）手順であった可能性が高い（橋本素子　二〇一六）。唐代の煮出す茶と宋代の点てる茶は、粉末化した茶葉そのものを摂取する点で共通していたが、これに対して明代の淹れる茶は、葉茶を湯に浸してエキスを飲む。点てる茶と違い、あとに茶殻が残ることになる。

後述するように、当時この新しい茶を、抹茶と区別して「煎《せん》じ茶《ちゃ》」とよぶことがあった。ふつう煎じるといえば、薬草などをぐらぐら煮詰めることをいうので、煎茶とは考えてみると奇妙なことばである（このため「煎じ茶」という用語は字義どおり煮出す茶に限って用いる研究者もいる）。当面ここでは、今日の「煎茶」の系譜に通じるという意味も込めつつ、江戸時代に普及する茶、すなわち抽出して飲む茶のことを「煎じ茶」とよぶことにしたい。

4　アジアの茶の民族誌——共時的な視点——

東南アジア大陸部の発酵茶　ここまでみてきた唐《とう》・宋《そう》・明《みん》の喫茶法とは異なる、どちらかというと

「原始的」とも思える茶の文化が、中国南部から東南アジア大陸部の諸民族のあいだに存在している。なかでも引き合いに出されるのが、漬け物に似た食用茶である。茶葉を蒸したり炒めたりして軽く揉み、容器に詰めて密封して発酵させた茶をいう。東南アジア各地の喫茶習俗には豊富な民族誌データがあるが、とくに北部山間地域の発酵茶はいわゆる照葉樹林文化のひとつの指標とされた経緯もあって、精力的に情報が集約されてきた。

そのひとつであるミャンマーのラペソーに関するレポート（松下　二〇〇一）によると、その作り方は以下のとおりである。摘み取ってきた生葉を、甑《こしき》で五～一〇分ほど蒸す。莚《むしろ》のうえで広げてさましながら、よく揉む。その茶葉を地中に埋める（大きな穴のなかに詰め込んで上を板で覆い、重石をするなどのやり方がある）。三か月から長いもので六か月ほど漬け込み発酵させる。食べるときは塩水で洗い、他の具材と和《あ》え物《もの》にするという。

北部タイのミエンについては、すこし古いが守屋毅の報告（守屋　一九八一a）が詳しい。その製法は、摘み取ってきた生葉を束にし、ミエン小屋のなかで、甑をつかって一～二時間かけて蒸す。これを竹籠《たけかご》に詰めこむなどして密閉する。これをさらに大きい穴のなかに並べ、数か月～一年間漬け込む。食べるときは、茶の葉に少量の塩を添えて噛む。ミエンを噛みながらたばこを吸うのが、仕事の合間や食後の楽しみになっているという。

四国山地の後発酵茶　これらは一見、日本の茶とは似ても似つかない世界のようにみえる。たしかに日本には漬け物茶を食べる事例はないが、製法の上でラペソーを彷彿とさせる事例は、わずかながら知られている。四国の山間地域にみられる、いわゆる後発酵茶がそれで、蒸し加熱後に発酵させるという工程が部分的に類似している。過去の民俗誌データをもとに（橋本実編　一九七五）、著名な「碁《ご》石茶《いしちゃ》」（高知県大豊町《おおとよ》）の製法をみておこう。

碁石茶をつくるには、七月下旬から八月上旬の夏の暑い時期に、畦畔茶《けいはんちゃ》（畑のあぜなどに植えた茶）の葉を摘む。手袋をはめ、枝の葉を全部扱《こ》き取る。これを土間や蚕室《さんしつ》などに積みあげ、切り返しをしながら寝かせる。これを桶《おけ》に入れ、釜《かま》の上で四〇分〜一時間ほど蒸す。つぎに蚕室の床に広げて踏む。五日ほどするとカビが生えてくる。この葉を大きな桶に詰めて発酵させる（しっかり踏み固めて重石をのせる）。一週間〜一〇日後に桶から取り出し、包丁で刻んで小さなかたまりにする。これを二日間ほど天日で干して出荷する。碁石茶と類似するものに、やはり四国山地の「石鎚黒茶《いしづちくろちゃ》」（愛媛県小松町〈西条市〉）もある。

これと類似した製法で知られるのが「阿波晩茶《あわばんちゃ》」で、徳島県の那賀《なか》郡相生《あいおい》町（現那賀町）をはじめ那賀川流域に産地が点在する。やはり製造工程の詳しい報告をみておこう（橋本実編　一九七五）。茶摘みはやはり盛夏の作業で、七月下旬から八月上旬に、茶畑で硬化した茶葉を取る。布製の指サック状のものを指にはめ、枝についた葉をすべて扱き取る。大釜で沸騰させた湯のなかで三〇〜四〇分煮る。つぎに機械で揉む。これを桶に入れて発酵させる（足で踏み固め、上から覆いをして重石をのせる）。七〜

一〇日程度で取り出し、莚に広げて天日乾燥させる。

碁石茶や阿波晩茶の作り方も、今日の煎茶の製造工程とは懸けはなれている。揉捻《じゅうねん》をしたあとで漬け込みをして発酵させる点がもっとも目を引くが（これが「後発酵」茶とよばれる所以である）、それに加え、材料となる茶葉がいずれも新芽ではなく、真夏から秋にかけて硬く成長した葉である点も注目される。指先を保護して葉を取るのはそのためだ。また加熱方法にしても、阿波晩茶の「煮る」方法は、「蒸す」方法が主流となった日本では稀なものに属する。

番茶の世界　四国山地の後発酵茶の存在が無視できないのは、このほかにも日本各地には、今日の煎茶とはまったく異なる地方茶の伝統が、種々存在するためである。民俗事例の収集と類型化を進めた大石貞男によると、加熱と乾燥のしかたによって、陰干番茶（鳥取県鹿野《しかの》町〈現鳥取市〉など）、蒸葉日干茶（愛知県の足助《あすけ》の寒茶《かんちゃ》、岡山県の美作《みまさか》番茶など）、煮製番茶（岐阜県の郡上《ぐじょう》茶など）、釜炒日干茶（佐賀県の嬉野《うれしの》茶など）といった数多くのパターンに分けることができる（大石　一九八三）。

すべてを紹介することはできないが、たとえば「足助の寒茶」は一～二月に茶の枝を刈り取って作る。蒸した葉を莚のうえで日干したあと、カリカリになるまで陰干しする。この葉を土瓶《どびん》か薬缶《やかん》に入れて熱湯を注ぎ、四～五分したら飲むという（大石　一九八三）。これに限らず、多くの番茶は摘み取りが秋から冬で、しかも枝ごと刈ってしまう点に特徴がある。加熱は必ずしも蒸しではなく、茹でる、炒るなどさまざまで、火を使わない場合さえある。また揉む工程がない事例もみられる（大石　一九八

三、中村 一九九八)。

ところで、ここで問題になるのは茶の歴史と民俗の関係である。さきに述べたような茶の湯に繫がっていく粉末の茶や、明代の中国からもたらされた淹《い》れる茶の流れと、ここで列挙してきた民族(俗)誌データにみられる発酵茶や番茶の世界とは、たがいに似ても似つかないほどの違いがありながら、ほぼ同じ時代と社会に息づいてきた存在だ。通時的な研究と民族(俗)誌的な研究の対話が求められるが、日本の茶の文化に限っても、残念ながらこの二つの研究は嚙み合ってきたとはいえない。

そもそも中国由来の喫茶法は、それぞれの「起源」はわかっても、それが習慣化・習俗化していく過程はわからない。一方で在来とみられる番茶は、習俗化した状態でしか見出せず、由来や変遷はほとんどわからないのである。たしかなことは、中村羊一郎が述べるように、各地にある番茶の習俗は、高僧に仮託された中国茶の伝来の物語とは関わりをもたないことだが(中村 一九九八)、そうだとすると、当時の人々の暮らしのなかで、両者ははたしてどのような関係にあったのだろうか。

5 江戸時代の村の茶——その生産——

碾茶・煎じ茶・番茶 右にのべた疑問に取り組むうえで、鍵になるのは江戸時代の村の暮らしである。それには理由がある。一七〜一九世紀の江戸時代とは、古くからある抹茶《まっちゃ》と、それより新しい淹《い》れる茶、そしてさまざまな在来の番茶《ばんちゃ》、これら三つの流れが出そろい、しかも庶民の食生活のなかで接点をもち始めた画期的な段階だからである。暮らしのなかの茶のすがたを、当時の村の生活史料をもとに描き出していくのは魅力的な作業である。

茶のよび名から検討してみよう。江戸時代の博物学、いわゆる本草学《ほんぞうがく》の書物には、しばしば煎じ茶《せんちゃ》という語がみえる。「近代点茶《てんちゃ》はまれなり、煎茶を用ゆ」とする一七〇八年（宝永五）の『大和本草《やまとほんぞう》』をはじめ、一六九七年（元禄一〇年）出版の『本朝食鑑《ほんちょうしょっかん》』や一七一三年（正徳三）の『和漢三才図会《わかんさんさいずえ》』など、類例を記した有力文献は多い（大石　一九八三）。ここでは中世以来の抹茶を表す「点茶」「碾茶《てんちゃ》」に対し、彼らの同時代の茶のことが煎じ茶とよばれた格好である。

あるいは、一七三二年（享保一七）ころに出版された『万金産業袋《ばんきんすぎわいぶくろ》』では、宇治《うじ》・栂尾《とがのお》をはじめとする煎じ茶の名産地や製法を詳しく紹介しつつ、これを抹茶を意味する「引き茶」と比較している。「引ちやの分は、皆茶園の芽だち（新芽）なり」と述べつつ、この引き茶と煎じ茶の材料の違いを考察している（大石　一九八三）。そういった産地の情報や製法の解説を必要とするほど、当時、「煎じ茶」なるものが市場に流通していたと考えてよいだろう。

これらとほぼ同時代に書かれた『農業全書』（一六九七年出版）には、複数の製茶方法が書かれているが、その一つに「煎じ茶」の記述がある。茶摘みの時期は明記されていないが、「わか葉、古葉残らずつミ取て」とある。この葉を茹でて冷ましたあと、莚《むしろ》のうえで揉み、強火の焙炉《ほいろ》に一度かけるとなおよい、とある。枝についた葉をすべて取る点などで、まだ番茶の性格を残しているものの、「わか葉」つまり新芽のシーズンの茶摘みであることは注目に値する。

結論をいえば、『農業全書』にみられるような揉み工程の導入、専用の乾燥用具（焙炉）の使用、そして摘み取り時期の早期化といった点に、「番茶」とは異なる、洗練されつつあった当時の「煎じ茶」の特徴がみて取れる。『農書全書』や『本朝食鑑』の記事をもとに、大石貞男は「本格的な蒸し製煎茶の起源を少なくとも（略）元禄年間と考える」と考察している（大石 一九八三）。これに従い、江戸時代を通して高品質化していく「淹れる茶」の系譜は、一七世紀末～一八世紀はじめの「煎じ茶」に起点をもつものと捉えておきたい。

加賀藩農書によるケーススタディ　江戸時代の茶の生産と消費をみるうえで、地域の農業技術をまとめた書物（農書）の史料価値は高い。既知の農書にみえる製茶と茶園の記事をまとめると表1のようになる。江戸時代の農書であっても、必ずしも洗練された「煎じ茶」の製法を書き記しているとは限らない。多数のすぐれた農書を産んだことで知られる加賀《かが》藩の例を紹介してみよう（なお以下の江戸時代の農書の引用は、すべて農山漁村文化協会刊行の『日本農書全集』により、引用箇所は全集○巻として巻数を略記した。また同書の現代語訳を適宜参照した）。

加賀国石川郡の十村《とむら》（大庄屋《おおじょうや》クラスの有力な村役人）が著した一七〇七年（宝永四）序『耕稼春秋《こうかしゅんじゅう》』の場合、製茶の記述の多くは『農業全書』の抄出であるが、釜でゆでた葉を干し、翌日半乾きになったところでよく揉み、むしろの上で干す（全集四巻）とある。『農業全書』にあった焙炉の姿はない。また茶は春と秋の二度摘むものだというが、「春ハ少し、秋ハ大きに葉をこき取」る（同）とあるように、新芽より秋の扱き取りに比重がある。

加賀国江沼《えぬま》郡の十村の手になる一七〇九年跋『農事遺書《のうじいしょ》』では、土用前に「初葉」を摘むとある。量では損をするが、隔年でもいいから「少ハ初葉ニ摘べシ」と、早めの茶摘みを推奨する（全集五巻）。揉みは二度だが「幾度モ揉タルニシクハナシ」（同）ともいう。乾燥では、焙炉にはやはり言及がない。ちなみに『農事遺書』では、遅く摘むときは稲刈り前か後がよいとする。この時期の摘み取りのものを、同書では「番茶」として区別している。

時代はさがるが、幕末期の加賀国能美《のみ》郡の絵入り農書『民家検労図《みんかけんろうず》』には、「其年生延る若木を刈取、壱弐寸計ニ切、釜ニて炙、足ニて踏、一日ニ干揚る」（全集四巻）とある。その年に伸びた若木を刈り、それを一〜二寸に刻むというのは、明らかに春の新芽の摘み取りではない。前二者とあわせてみても、茶摘みがまだ新芽には特化していない状況がよく出ている。これらはまさに「番茶」の特徴である。また乾燥は一日天日干しをするもので、焙炉は使われていない。当時の加賀平野の実情にあわせたものであろう。

このように江戸時代の農村では、一般に想定されている以上に、在来の「番茶」が多くを占めていたといえる。揉み工程はおおむね備わっているが、乾燥用具の有無や、摘み取り時期の差は大きい。

茶園記事一覧

製法 揉み	製法 乾燥	茶園 播種	茶園 施肥	茶園 管理	年代	出典
—	ほいろ他	○	○	○	天保4年跋	全集 3
よく揉む	天日	△	○	○	宝永4年序	全集 4
踏む	天日	—	—	—	幕末	全集 4
二番揉みする さらさらと揉む	天日か 天日か	—	○	○	宝永6年跋	全集 5
よく揉む よく揉む	ほいろ→陰干し 陰干し	△	△	○	寛政元年跋	全集 6
莚で揉む	天日か	—	—	—	享保8年序	全集10
— — 莚で揉む 莚で揉む	ほいろ2種類 ほいろ ほいろ 炒る	○	○	○	元禄10出版	全集13
莚で揉む —	(冷ます) (冷ます)	○	○	○	天保15年跋	全集14
陰干して揉む	ほいろ5~6回	—	—	—	天明6年出版	全集29

筆者作成。出典は巻数のみを略記。—は該当記載を欠くことを示す。「茶園」欄につ抄録にとどまるものを△で示す。

表1 『日本農書全集』所収の近世農書にみられる製茶・

書　名	製　法 摘　み	 加　熱
『菜園温古録』	春	湯ひき
『耕稼春秋』	春秋両度	茹でる
『民家検労図』	秋か	釜炒り
『農事遺書』①	土用前	蒸す
『農事遺書』②	稲刈り前後	蒸す
『私家農業談』①	四月八日頃	×
『私家農業談』②	夏至前後	蒸す
『農術鑑正記』	3月	茹でる
『農業全書』①上茶	3月	釜で蒸す
『農業全書』②湯びく茶	若葉を残らず摘む	茹でる
『農業全書』③煎じ茶	若葉・古葉を摘む	茹でる
『農業全書』④唐茶	若葉・古葉を摘む	鍋で炒る
『広益国産考』①刈茶	—	鍋で炒る
『広益国産考』②よき茶	3月～4月上旬	焙烙で炒る
『一粒万倍 穂に穂』	—	釜で蒸す

注　農山漁村文化協会刊行『日本農書全集』所収資料により
　いては、該当記載があるものを○、『農業全書』の引用や

一方で見逃せないのは、『農事遺書』が量を犠牲にしてでも質の高い「初葉」を推奨しているように、茶の性格の分化、つまり摘み取りの時期による茶の格差が生まれつつあることである。これにかぎらず、江戸時代の茶の高品質化（そして商品化）は、茶摘みの時期の早期化、あるいは新芽の尊重というかたちで表面化していく。

茶の多様性の時代　江戸時代の茶の研究で、かならず引き合いに出されるのが「宇治製」の誕生である。京都府南部にある宇治田原の湯屋谷《ゆやだに》（現京都府綴喜《つづき》郡宇治田原町湯屋谷）に生まれた篤農家永谷宗円《ながたにそうえん》が、一七三八〜三九年（元文三または四）に発明したとされるもので（橋本素子　二〇一六）、蒸した茶葉を焙炉のうえで揉みながら乾燥させる方法である。全国各地の製茶地域に広がり、おもに一九世紀前半に相次いで受容されたという（吉村・若原　一九八四）。

一九世紀の農書で、焙炉を用いた製法を載せる例はいくつかある。そのひとつである一七八六年（天明六）出版の『一粒万倍《いちりゆうまんばい》　穂《ほ》に穂《ほ》』は、「茶のよしあしハ焙爐あんばい一にあり」（全集二九巻）というほど、焙炉の火力調整に気を配っている。その製法は、釜で蒸した葉を揉み、陰干しする（これを三回繰り返す）。これをホイロに掛ける（これも五〜六回繰り返す）。手間暇かけた製法で、揉み工程がよく発達している。ただここでいう焙炉は、『農業全書』などと同じく乾燥用であり、焙炉のうえで揉むわけではない。

じつは面白いことに、江戸時代の農書には宇治製の茶の記載を見出すことができない。宇治製が一世を風靡したという理解とは裏腹に、表1にみえる焙炉の用途はいずれも乾燥用である。なかには宇治製を称する例もあるが、焙炉揉みをした形跡はない。もちろん宇治製の普及に携わった人々と農書の書き手が異なっていたという事情があるだろうが、少なくとも、江戸時代に各地に広がった煎じ茶の製法にはかなりのばらつきがあったと考えなくてはならない。

「刈茶製法場の図」　　「茶を刈図」

図5　『広益国産考』にみえる茶の製造（『日本農書全集　第14巻』〈1978年〉より）

最後に幕末を代表する農書、一八四四年（天保一五）跋の『広益国産考《こうえきこくさんこう》』をみておこう。同書が推奨するのは「刈茶」である。「刈取たる茶の木」を洗い、押切で小さく刻み、水平に据えた大鍋で炒る。これに莚をかぶせて揉む。挿絵には茶の枝ごと鎌で刈るシーンがはっきりと描かれている（図5）。新芽へのこだわりはないし、焙炉も使われていない。著者大蔵永常《おおくらながつね》によれば、量を多く生産でき、商品化するのにむいているという（全集一四巻）。

ここまで紹介してきたように、一七世紀末～一九世紀の日本の村の茶は、新芽を用い、よく揉み、専用の焙炉で乾燥させる工程を備え、量より質を求める歩みを示している。焙炉揉みを特徴とする宇治製の普及は無視できないが、むしろ「煎じ茶」とよばれるものの自体に多様さがあったことも注目に値する。一方でいわゆる「番茶」も健在で、新たに普及する技術のなかには、効率のよい番茶の製法さえ含まれていた。一言でいえば、江戸時代の村の茶は、多様な煎じ茶と多様な番茶から構成されていたのである。

6 村の茶の消費

茶をめぐる戒め ヨーロッパを中心とする多くの社会は、茶の輸入に精力を傾けたように、つねに嗜好品を消費する側である。コーヒーやココア、紅茶はもとより、茶と並ぶ嗜好品である酒やたばこでもそれは同様である。その意味で、日本の茶とは、生産と消費が切り離されていない稀有な嗜好品であったといえる。さきに江戸時代の村は、いくつかの茶の流れが接点をもつ場であると述べたが、それはまた嗜好品としての茶をみずから生産し、みずから消費しえたユニークな舞台でもある。

庶民の茶の消費を描く際にしばしば引き合いに出されてきたのが、通称「慶安《けいあん》の御触書《おふれがき》」である。米を食べすぎてはならない、木綿以外の衣類を着てはならない、たばこを吸ってはならないといった、領主好みの質素倹約の戒めが並ぶなかに、茶の規制がみえる。酒や茶を買って飲んではいけない(「酒茶買呑申間敷」)、たとえ見た目はよくても大茶《おおちゃ》を飲み物見遊山《ものみゆさん》を好む女房(「大茶を呑、物参遊山すきする女房」)は離縁するべし、という条文がそれで、教科書などで紹介される機会も多い。

ここでいう大茶とは一種の成語で、かつて穂積陳重《ほづみのぶしげ》（一八五六―一九二六）は、「男でいえば大酒を飲むというところで、田舎の女房たちが囲炉裏《いろり》に掛けた大罐子《かんす》（茶釜《ちゃがま》）を取り巻き、茶受けと名づけて香《こう》の物《もの》または煎豆《いりまめ》などで、鱈腹《たらふく》茶を飲みながら、他人の噂話などに長々と時を潰す悪風を言ったものである」と、真に迫る描写をしている（穂積　一九三六）。大酒飲みの男と大茶を飲む女、浪費と怠けの戒めにジェンダーの差が出るのは興味ぶかい。

山本英二の研究によると、いわゆる「慶安の御触書」の内容は、一六九七年（元禄一〇）に甲府徳川藩が教諭書として公布した藩法（「百姓身持之覚書《ひゃくしょうみもちのおぼえがき》」）に一致する。のち一八三〇年（文政一三）八月に美濃《みの》国岩村《いわむら》藩が教化策の一環として、「百姓身持之覚書」をもとに木版本を作り、領内に配布した。一六四九年（慶安二）の幕府の触書に仮託されたのはこのときである。のち天保期にかけて、岩村藩にならう領主がいくつか現れたことが明らかにされている（山本　一九九九）。

慶安という年代はさておき、江戸時代を通して茶が「反・勤勉」や「反・倹約」の代名詞として扱われた事実は重要である。嗜好品としての茶の地位がかえって鮮明になるからである。茶ということばには独特の含みがあって、正式な食事以外の軽食、ひいては間食や休憩を意味することがある。江戸時代の農書では奉公人の労働管理にもよく紙幅が割かれるが、そこで「茶を飲ませる」といえば、奉公人をねぎらい休息をとらせることに近い意味をもつ。これもまた茶の過剰な消費の戒めと紙一重である。

庶民の茶の飲み方　では人々はどのような茶をどのように楽しんでいたのだろうか。さきに江戸時代の村の茶が多様な煎《せん》じ茶《ちゃ》と多様な番茶《ばんちゃ》から構成されていたことを述べたが、これは同時に、庶民が口にした茶の品質も飲み方も一様ではなかったことを物語っている。少なくとも、商品でもある質の高い煎じ茶と、日常的に飲まれる番茶とは区別して考える必要があるだろう。そこで手がかりになるのは、江戸時代の記録には、茶を「煮る」という表現がみえることである。

たとえば元禄期にドイツのケンペル（Engelbert Kaempfer、一六五一—一七一六）が、街道の茶店で目撃したものは興味ぶかい。彼によると、茶店で旅行者に飲ませる茶は、「高貴な人々」むけの若葉できた茶ではなく、若葉を摘んだあとの固い葉の茶である。茶葉を「鉄の薬罐《やかん》の中に入れ、水を加えて煮る」。これを茶碗に注ぎ、冷たい水を足して客に出すという。いまの淹《い》れ方とは似ても似つかないが、火にかけたままの薬罐で茶を煮出す様子がうかがえる（『江戸参府旅行日記』）。

一方で、煎じ茶はどうであろうか。新芽を使い、よく揉んで作られた煎じ茶は、煮出す必要がない。隠元《いんげん》の茶と同じく、エキスを抽出する方法に適していただろう。また沸かした湯のなかに茶葉を入れて抽出する飲み方は、やがて小さい容器にまず茶葉を入れ、別に沸かした湯を注いで抽出するという手順を派生させる（橋本素子　二〇一六）。前者は湯を沸かす容器が一つあればよいが、後者であれば、茶を入れて湯を注ぐための別の道具、急須《きゅうす》が必要になる。

この急須が、いつごろ私たちの暮らしに定位置を占めたのかは、じつは十分にわかっていない。表

2に示すのは、筆者が偶然調査しえた寺の什物帳《じゅうもつちょう》にみえる茶器の記録である。幕末にはなかった「キュウス」と大量の茶飲み茶碗が、一八七五年（明治八）に新什物として登録されている。もちろん急須の導入時期は事例によってさまざまであったはずで、什物の記録だけでなく、たとえば祭りの引き継ぎ帳簿や家の財産目録などの丹念な分析が今後求められる。

ここには煮出す茶から淹れる茶へという図式が見え隠れしているが、これもまた単純な移行過程と

表2　村落寺院の什物帳にみる茶器の変化

嘉永7年(1854)8月『什物改帳』		明治8年(1875)3月『什物取調書上帳』(新什物増加之部)	
鉄ビン	1つ	菓子皿	—
五徳	2つ	ブリキ茶入	—
唐金火鉢	大小2つ	茶之間用長火鉢	1
やくわん	1つ	茶盆	大小
吸物椀	10人前	同鉄瓶	1
茶積茶碗	5人前	銅洗面器	1
三組盃并台	1組	三ツ組蓋物	1組
高足膳	3人前	重箱	大小
常器膳	3枚	ドンブリ	大小
丼・皿	各1つ	皿	大小
片口	大小2つ	白焼ツボ	1箇
高茶台并茶碗	1つ	キュウス	大小
鍋	大小3つ	茶呑茶碗平常用	数十
釜	1つ	オヒツ入	1
茶釜	1つ	角煙草盆	—
水瓶	1つ		
飯櫃	2つ		
四斗桶	5つ		

注　下総国葛飾郡上妙典村妙好寺文書(千葉県市川市、妙好寺所蔵)により筆者作成。嘉永7年の什物、および明治8年に増加分として記載される什物のうち、仏具や生活用具一般を除く食器類を一覧。単位表記は原資料による。—は該当記載を欠くことを示す。

して理解することはできないであろう。むしろ茶を飲む状況に応じた茶の格差、つまり来客、祝宴、儀礼、贈答などハレの機会の茶と常用の茶との格差が明確になってきたとみたほうがよい。この点でも江戸時代の村とは、嗜好品の消費という食文化の成熟、あるいは複雑化が進んだ社会であったと評価することができる。

7　煎茶化のゆくえ

筆者は江戸時代の村という限られた舞台にこだわりすぎたかもしれない。この時代には、都市の庶民層もまた大規模な茶のマーケットとなっていたはずである。あるいは茶の湯という都市的な文化も健在で、それは近代以降にも新しい展開を続けていく。煎茶道《せんちゃどう》とよばれる新しい芸能も派生する。さらに現代の煎茶生産の側からみれば、江戸時代の村の茶の生産と消費が近代移行期にどのような変容をみせるかが問題である。

たしかなことは宇治《うじ》製を冠した手揉み製茶の技法が全国的に流布し、二〇世紀以降にはそれが急速に機械化したことである。大規模な茶園が集積して静岡に代表される生産地域が確立し、一方で、そのような商品生産のコースに乗らない番茶《ばんちゃ》の伝統は急速に周辺化されていく。茶業地域の確立や機械化は、じつは戦後の高度経済成長期にまで続く長いうねりであるが、残念ながら、その歩みを全国的視野で示せるだけの研究はまだ得られていない。

不発酵茶というある意味では限られた産物でありながら、生産と消費の両面にまたがり、豊かな多様性をはらむ嗜好品の食文化を形成した点に、日本列島の茶の地域特性を見出すことができる。ここでは触れることができなかったが、祝宴や贈答の習俗のように、高品質化していく茶の動きと符合する生活文化の幅はなお広がりがある。茶という嗜好品の歴史的・民俗的な相貌をとらえていく上で、取り組むべき課題はまだまだ多い。

参考文献

岩間眞知子　二〇一五年『喫茶の歴史—茶薬同源をさぐる—』大修館書店
大石貞男　一九八三年『日本茶業発達史』農山漁村文化協会（のち二〇〇四年『大石貞男著作集一』）
ケンペル著、斎藤信訳　一九七七年『江戸参府旅行日記』東洋文庫、平凡社
高橋忠彦　二〇〇〇年「中国茶文化研究の歴史と諸問題」同編『茶道学大系第七巻　東洋の茶』淡交社
趙方任・池田祐子　二〇〇六年「中国喫茶現状」『アジアの茶文化研究』アジア遊学88、勉誠出版
角山　栄　一九八〇年『茶の世界史—緑茶の文化と紅茶の社会』中公新書
中村羊一郎　一九九八年『番茶と日本人』歴史文化ライブラリー、吉川弘文館
橋本素子　二〇一六年『茶道教養講座14　日本茶の歴史』淡交社
橋本　実編　一九七五年『地方茶の研究』愛知県郷土資料刊行会

渕之上康元・渕之上弘子　一九九九年『日本茶全書—生産から賞味まで—』農山漁村文化協会
穂積陳重　一九三六年『続法窓夜話』岩波書店（のち一九八〇年）
松下　智　二〇〇一年『茶の原産地紀行—茶の木と文化の発生をさぐる—』淡交社
村井康彦　一九七九年『茶の文化史』岩波新書
守屋　毅　一九八一年a『お茶のきた道』ＮＨＫブックス、日本放送出版協会
一九八一年b「「茶の文化」研究の課題と展望」同編『茶道文化選書　茶の文化—その総合的研究—　第一部』淡交社
一九八一年c「近世常民社会と茶の文化」同編『茶道文化選書　茶の文化—その総合的研究—　第二部』淡交社
一九九二年『喫茶の文明史』淡交社
山田哲也　二〇〇八年「喫茶の歴史」農山漁村文化協会編『茶大百科Ⅰ』農山漁村文化協会
山本英二　一九九九年『慶安御触書成立試論』日本エディタースクール出版部
吉村　亨・若原英式　一九八四年『茶道文化選書　日本の茶—歴史と文化—』淡交社

執筆者紹介（生年／現職）—掲載順

吉田　元（よしだ　はじめ）　一九四七年／種智院大学名誉教授

石垣　悟（いしがき　さとる）　→別掲

小谷竜介（こだに　りゅうすけ）　一九七〇年／東北歴史博物館学芸員

今石みぎわ（いまいし　みぎわ）　一九七九年／東京文化財研究所主任研究員

星名桂治（ほしな　けいじ）　一九四七年／エイチアイフーズ株式会社代表取締役社長

古家晴美（ふるいえ　はるみ）　一九六〇年／筑波学院大学経営情報学部教授

渡部圭一（わたなべ　けいいち）　一九八〇年／滋賀県立琵琶湖博物館学芸技師

索　　引

あ　行

か　行

さ 行

た 行

な　行

は　行

ま 行

や・ら・わ行

編者略歴

一九七四年　秋田県に生まれる
二〇〇一年　筑波大学大学院歴史・人類学研究科博士課程退学
現　在　東京家政学院大学現代生活学部准教授

〔主要著書・論文〕

『日本の民俗4　食と農』（共著、吉川弘文館、二〇〇九年）
『来訪神　仮面・仮装の神々』（共著、岩田書院、二〇一八年）
「民俗を表記する」（『日本民俗学』二五六号、二〇〇八年）
「技術としての田植え、精神としての田植え」（新谷尚紀監修・広島県北広島町編『ユネスコ無形文化遺産 壬生の花田植』吉川弘文館、二〇一四年）
「澁澤敬三の民俗学」（『國學院雑誌』一一八巻四号、二〇一七年）

日本の食文化

日本の食文化5
酒と調味料、保存食

二〇一九年（平成三十一）四月十日　第一刷発行

編　者　石《いし》垣《がき》　悟《さとる》
発行者　吉川道郎
発行所　株式会社 吉川弘文館
郵便番号一一三—〇〇三三
東京都文京区本郷七丁目二番八号
電話〇三—三八一三—九一五一〈代表〉
振替口座〇〇一〇〇—五—二四四
http://www.yoshikawa-k.co.jp/
印刷＝株式会社 三秀舎
製本＝誠製本株式会社
装幀＝黒瀬章夫

ISBN978-4-642-06840-6

日本の食文化

1 食事と作法 * 小川直之編

食事には作法と決まり事がある。人と人をつなぐ共食や贈答、神仏への供え物、調理の技法と担い手、食具の扱いなど、儀礼と日常の食の社会的な意味を読み解く。ファーストフードや「和食」の国際的な動向にも着目する。

2 米と餅 関沢まゆみ編

米には霊力が宿るとされ、神祭りや人生儀礼で餅や団子、すし、赤飯にも加工し食される。日常では、野菜類と混炊したかて飯、携行食の握り飯など調理の工夫がある。さまざまな米の食と米の力を追究する。

3 麦・雑穀と芋 小川直之編

麦・粟・稗などの雑穀と芋類、豆類は日々の食を支え、救荒食ともなった。地方色豊かな雑穀と芋の食べ方、麵類やオヤキなどの粉食から、多様な主食・常食のあり方を示す。大豆の加工品である納豆と豆腐も取り上げる。

吉川弘文館

日本の食文化

4 魚と肉 ＊ 藤井弘章編

列島に広く浸透した日本の豊かな魚食文化を、海の魚と淡水魚、すしの変化、クジラ・イルカ食などから考察。一方で長く忌避され地域限定的だった肉食文化を、明治以降の急速な拡大も含め概観する。近年話題の昆虫食にも注目。

5 酒と調味料、保存食 ＊ 石垣　悟編

発酵を利用した酒、酢・味噌・醤油、塩蔵や発酵による漬物、ダシの素材となる昆布などの乾物。これら食料保存の技術は独特の味をも生み出した。基本調味料の塩と砂糖、嗜好品の茶も加え、日本の味の文化的背景を探る。

6 菓子と果物 関沢まゆみ編

砂糖が普及する以前、甘い食物は貴重だった。古代から食されてきた栗・柿・みかん、年中行事と関わる饅頭・汁粉・柏餅、庶民に親しまれた飴、贈答品の和菓子、文明開化後の洋菓子など、人を惹きつける甘味の文化を描く。

各2700円（税別）＊は既刊

吉川弘文館